Alois Mayer · Französisch 1

Alois Mayer

Französisch 1

Grammatik — Wortschatz — Fehlerquellen
Übungen mit Lösungen

Für Anfänger

MANZ VERLAG MÜNCHEN

Herausgeber: Alois Mayer

Manzbuch 305

6 5 4 1990 89 88 87 86
(Die jeweils letzte Zahl bezeichnet die Auflage bzw. das Erscheinungsjahr)

Umschlagentwurf: Ingeburg Rothemund, München.
Zeichnungen: Ursula Maier-Zierer, StR'in, Schongau.
Gesamtherstellung: Verlag und Druckerei G. J. Manz AG, München/Dillingen.
Printed in Germany.

ISBN 3-7863-0305-3

Vorwort

Die Reihe »Manz Lernhilfen Französisch« wurde mit dem vorliegenden ersten Band völlig neu konzipiert. Dieses Übungsbuch ermöglicht dem Anfänger die systematische Erarbeitung der Grammatik- und Wortschatzkenntnisse, die für das erste Lernjahr grundlegend sind.

Aufbau des Übungsbuches

A. Grammatik

Jeder einzelne Lektionsteil beginnt mit einer übersichtlichen Darstellung desjenigen Grammatikproblems, das nachfolgend geübt wird. Damit erspart sich der Lernende zeitraubendes Nachschlagen in einem Lehrbuch der Grammatik.

B. Fehlerquellen

In diesem Teil wird dem Lernenden gezielt bewußt gemacht, worauf er achten muß, um Fehler zu vermeiden.

C. Wortschatz

Hier soll der Lernende kurze Wortlisten (Französisch–Deutsch) mit wichtigem Grundwortschatz lernen bzw. wiederholen. Das Vokabular ist nach Wortfeldern, z. B. »In einem Restaurant«, oder nach grammatischen Gemeinsamkeiten, z. B. »Verben mit der Präposition à«, geordnet. Die Auswahl orientiert sich am »Français fondamental«. In den anschließenden Übungen wird hauptsächlich dieser Wortschatz verwendet; somit erübrigt sich das Suchen in einem Lexikon.

D. Übungen

In diesem Teil wird das in A. dargestellte Grammatikproblem in konzentrierter Weise mit den in C. aufgeführten Wörtern geübt.
Dieser jeweils letzte Lektionsteil ist sehr umfangreich; die zahlreichen und verschiedenartigen Übungen dienen der Vertiefung des Sprachmaterials.

Der übersichtliche Aufbau dieses Übungsbuches macht es besonders geeignet zum Selbststudium: für Schüler bietet es eine wertvolle Ergänzung zum Lehrbuch; Erwachsene finden hier einen leichten »Einstieg« in das Französische bzw. ein Hilfsmittel, um Kenntnisse aufzufrischen.

Mein besonderer Dank gilt Fräulein Nadine Chaine, München, für die Durchsicht des Manuskripts.

Vorschläge zur Arbeitsweise

1. Prägen Sie sich zuerst das Sprachmaterial in den Teilen **A.**, **B.** und **C.** ein. Damit schaffen Sie die Voraussetzungen für eine weitgehend fehlerfreie Bearbeitung der Übungen in Teil **D.**
2. Da die Übungen einen leichten Anstieg des Schwierigkeitsgrades aufweisen, sollten sie in der angegebenen Reihenfolge bearbeitet werden.
3. Machen sie nicht zu viele Übungen nacheinander, arbeiten Sie statt dessen die Übungen **mündlich und schriftlich** durch und wiederholen Sie in regelmäßigen Abständen.
4. Die mit dem Symbol  gekennzeichneten Übungen sind besonders geeignet für das Aufnehmen auf Kassetten oder Tonbänder. Sie können sich somit ohne großen Aufwand eigene Übungsprogramme erstellen, die Sie regelmäßig abhören sollten.
5. Vergleichen Sie Ihre Lösungen mit den Lösungen im Buch. Streichen Sie diejenigen Sätze in den Übungen an, in denen Sie Fehler gemacht haben, und bearbeiten Sie diese Stellen mehrmals.

Schongau, Herbst 1979 *Alois Mayer*

In die 2. Auflage wurden ein deutsch-französisches und ein französisch-deutsches Wörterverzeichnis aufgenommen (S. 113).

Herbst 1981 *A. M.*

Inhaltsverzeichnis

Teil Seite	*Grammatik*	*Beispiele*	*Wortfeld*	*Lös. Seite*

SECHSTE LEKTION

1. Die Präpositionen »de« und »à«; 2. Verben auf -ir (mit und ohne Stammerweiterung); 3. Verben auf -er mit Veränderungen im Stamm

I 43–45	»de« und »à« beim Substantiv	**du, de la, des** **au, aux**	1. Verben mit de 2. Verben mit à	97–98
II 46–49	-ir-Verben mit Stammerweiterung -ir-Verben ohne Stammerweiterung	finir: nous **finissons** dormir: nous **dormons**	Im Restaurant	98–99
III 49–52	-er-Verben mit Veränderungen im Stamm	je **lève** je **jette** **j'essaie** usw.	Verben mit Stammveränderungen	99–100

SIEBTE LEKTION

Pronomen (1)

I 53–56	Besitzanzeigende Fürwörter	**mon, ma, mes** **ton, ta, tes**	Körperteile	100–101
II 57–59	Hinweisende Fürwörter	**ce, cet; cette; ces**	Ländernamen Länderadjektive	101–102
III 59–60	Das Fragefürwort »quel«	**quel, quelle** **quels, quelles**	Unregelmäßige Verbformen	102

ACHTE LEKTION

Pronomen (2)

I 61–64	Fragefürwörter	**Qui? A qui?** **De qui?** **Que? A quoi?** **De quoi?**	Die Wohnung	102–103

Teil Seite	*Grammatik*	*Beispiele*	*Wortfeld*	*Lös. Seite*
II 64–65	Fragewörter	**Quand? Où? Pourquoi?**	(Wiederholung)	103–105
III 65–68	Das unbestimmte Fürwort »tout«	**tout, toute tous, toutes**	Die Zeit Die Dauer	105

NEUNTE LEKTION

Pronomen (3)

I 69–71	Das rückbezügliche Fürwort	**me, te, se nous, vous, se**	Das Aufstehen	105–106
II 71–73	Die Personalpronomen 1. und 2. Person	**me, te nous, vous**	(Wiederholung)	106–107
III 73–77	Die Personalpronomen 3. Person	**le, la, les lui, leur**	Eine Stadt besichtigen	107–108

ZEHNTE LEKTION

1. Das Substantiv (2); 2. Das Adjektiv (2); 3. Unregelmäßige Verben

I 79–81	Pluralformen des Substantivs	les **jeux,** les **chevaux,** les **timbres poste**	Substantive mit Plural **-x**	108–109
II 82–86	1. Adjektive mit zwei Formen im Mask. Singular 2. Stellung des Adjektivs	**bel** **nouvel** **vieil** un **cher** ami un chapeau **cher**	Die Arbeit Möbelstücke	109–111
III 86–88	Unregelmäßige Verben	**faire, dire, lire, aller**	Feste Wendungen	111–112

Die Artikel im Singular

(Die Geschlechtswörter in der Einzahl – Les articles au singulier)

I. Der unbestimmte Artikel im Singular – L'article indéfini au singulier

A. Grammatik

Der unbestimmte Artikel in der Einzahl heißt für

a) männliche Hauptwörter: **un** = ein; *un monsieur* = ein Herr
b) weibliche Hauptwörter: **une** = eine; *une dame* = eine Dame

B. Fehlerquellen

1. Zahlreiche Hauptwörter sind im Deutschen männlich, im Französischen jedoch weiblich und umgekehrt.
   Beispiel: ein Radiergummi = *une gomme*
   eine Zeitung = *un journal*
2. Das Französische hat keinen Artikel für das Neutrum. Ein sächliches Hauptwort ist entweder männlich oder weiblich.
   Beispiel: (das) ein Buch = *un livre*
   (das) ein Schreibwarengeschäft = *une papeterie*

Lernen Sie also stets ein Hauptwort mit seinem Artikel!

C. Wortschatz

1. Wortfeld: In einem Schreibwarengeschäft – *Dans une papeterie*

un livre	ein Buch	une gomme	ein Radiergummi
un cahier	ein Heft	une carte postale	eine Postkarte
un stylo	ein Füllfederhalter	une serviette	eine Aktentasche
un crayon	ein Bleistift	une revue	eine Illustrierte

un calendrier	ein Kalender
un journal	eine Zeitung
une (!) enveloppe	ein (!) Briefumschlag
une papeterie	ein Schreibwarengeschäft

2. Strukturen:

(1)	C'est ...	Dies ist ... Das ist ...
(2)	Est-ce ...	Ist dies ...?
(3)	Qu'est-ce que c'est?	Was ist das?
(4)	Voilà ...	Hier ist ...
(5)	... s'il vous plaît.	... bitte.
(6)	Avez-vous ...?	Haben Sie ...? Habt Ihr ...?

D. Übungen

1. Setzen Sie *un* oder *une* ein:

(Sprechen Sie diese Übung laut.)

1. Est-ce ... calendrier? – 2. C'est ... cahier. – 3. Avez-vous ... serviette? – 4. Voilà ... gomme. – 5. ... revue, s'il vous plaît. – 6. Avez-vous ... crayon? – 7. Qu'est-ce que c'est? ... papeterie? – 8. Est-ce ... stylo? – 9. Voilà ... enveloppe. – 10. Avez-vous ... carte postale?

2. Bilden Sie 8 Fragen und Antworten nach dem folgenden Muster:

1. Qu'est-ce que c'est? Un livre? – Oui, c'est un livre.
2. Qu'est-ce que c'est? Un ...? – Oui, ... (usw.)

3. Übersetzen Sie:

1. Hier ist eine Illustrierte. – 2. Eine Postkarte, bitte! – 3. Ist das ein Heft? – 4. Was ist das? Ein Briefumschlag? – 5. Haben Sie einen Kalender? – 6. Hier ist ein Schreibwarengeschäft. – 7. Habt ihr einen Bleistift? – 8. Ist das eine Zeitung? – 9. Hier ist ein Briefumschlag. – 10. Dies ist eine Aktentasche. – 11. Was ist das? Ein Füllfederhalter? – 12. Haben Sie eine Postkarte?

II. Der bestimmte Artikel im Singular – L'article défini au singulier

A. Grammatik

Der bestimmte Artikel in der Einzahl heißt für

a) männliche Hauptwörter: **le** = der ; *le père* = der Vater
b) weibliche Hauptwörter: **la** = die; *la mère* = die Mutter

Vor Hauptwörtern, die mit einem Selbstlaut (Vokal) oder mit dem (nicht gesprochenen) Buchstaben h anfangen, werden **le** und **la** zu **l'**.

le + oncle → *l'oncle* (der Onkel)
le + homme → *l'homme* (der Mensch, der Mann)

l' bezeichnet man als l Apostroph. (Apostroph = Auslassungszeichen; Apostrophierung, apostrophieren)

B. Fehlerquellen

1. Vergleichen Sie S. 11, I. B 1 und 2.

C. Wortschatz

1. Wortfeld: Verwandtschaftsbezeichnungen, Personenbezeichnungen

le père	der Vater	l'enfant	das Kind
le fils [fis]	der Sohn	la mère	die Mutter
le garçon	der Junge	la fille	1. die Tochter
l'oncle	der Onkel	[fij]	2. das Mädchen
le grand-père	der Großvater	la tante	die Tante
l'étudiant	der Student	la grand-mère	die Großmutter
l'homme	1. der Mensch	l'étudiante	die Studentin
	2. der Mann	la femme	die Frau
l'élève	1. der Schüler	[fam]	
	2. die Schülerin		

Enfant und *élève* können, je nach der Person, auf die man sich bezieht, männlich oder weiblich verwendet werden: *un enfant – un élève; une enfant – une élève.*

2. Strukturen:

(1)	Où est . . .?	Wo ist . . .?
(2)	le père de Pierre	Peters Vater
(3)	Qui est . . .?	Wer ist . . .?
(4)	Que fait . . .?	Was macht . . .?

D. Übungen

1. Setzen Sie *le*, *la* oder *l'* ein.

1. Où est . . . tante? – 2. Que fait . . . garçon? – 3. Voilà . . . oncle. – 4. Est-ce . . . fille de M. Colotte? – 5. C'est . . . grand-mère de Jean. – 6. Où est . . . oncle de Marie? – 7. Qui est . . . mère de . . . enfant? – 8. Que fait . . . femme? – 9. Où est . . . étudiante?

2. Gesprächssituation: Stellen Sie jemandem die Verwandten des Herrn Colotte vor. Sie können nach dem folgenden Muster vorgehen:

fils: Voilà Michel. C'est le fils de M. Colotte.

1. fille: Voilà Hélène. C'est . . . . . . de M. Colotte.
2. mère: . . . Mme Leferre. C'est . . . .
3. oncle: . . . M. Forger. . . . .
4. tante: . . . Mme Forger. . . . .

3. Übersetzen Sie:

1. Wo ist das Kind? – 2. Ist dies Peters Mutter? – 3. Was macht die Frau? – 4. Hier ist Peters Großmutter. – 5. Wer ist die Tochter des Herrn Colotte? – 6. Was macht Michaels Onkel? – 7. Dies ist der Student aus (= de) Paris. – 8. Ist das der Junge? – 9. Wo ist das Mädchen? – 10. Wer ist Hélènes Tante? – 11. Wo ist der Student? – 12. Was macht der Schüler? – 13. Was macht die Schülerin?

ZWEITE LEKTION

Das Substantiv und der bestimmte und unbestimmte Artikel im Plural (1)

(Das Hauptwort und die Geschlechtswörter in der Mehrzahl – Le substantif et les articles au pluriel)

A. Grammatik

1. Die Substantive erhalten im Plural ein **-s**.
2. a) Die männliche Form **le** und die weibliche Form **la** des bestimmten Artikels heißen im Plural **les**.
   b) Die männliche Form **un** und die weibliche Form **une** des unbestimmten Artikels heißen im Plural **des**.

Zusammenfassung:

Singular	Plural
le crayon	les crayons
la revue	les revues
un garçon	des garçons
une fille	des filles

Anmerkung: Eine Reihe von Hauptwörtern, z. B. solche, die auf -eau enden, erhält im Plural ein **-x**:
le couteau (das Messer) – les couteaux
le plateau (das Tablett) – les plateaux

B. Fehlerquellen

1. Die Pluralendung **-s** ist in den meisten Fällen nicht hörbar; sie wird beim Schreiben vergessen.
2. Im Gegensatz zum Deutschen besitzt das Französische eine Pluralform für den unbestimmten Artikel.

   Singular: ein Heft = *un cahier*
   Plural: Hefte = *des cahiers*

C. Wortschatz

1. Wortfeld: Das Gedeck – *le couvert*

le verre	das Glas	la serviette	die Serviette
le pot	der Topf	la nappe	das Tischtuch
le plateau	das Tablett	la tasse	die Tasse
le couteau	das Messer	la soucoupe	die Untertasse
le bol	1. die Schale 2. die Tasse (ohne Henkel)	la casserole	der Kochtopf
		la table	der Tisch
		la bouteille	die Flasche
la fourchette	die Gabel	une assiette	ein Teller
la cuiller oder: la cuillère	der Löffel [kɥijɛr]		

2. Strukturen:

(1) Où sont ...?	Wo sind ...?	(3) Les ... sont là.	Die ... sind dort.
(2) Voilà les	Hier sind die	(4) Les ... sont ici.	Die ... sind hier.

(5) Apportez ....., s'il vous plaît. – Bringen Sie ....., bitte.
(6) Apporte ....., s'il te plaît. – Bring ....., bitte.
(7) Les ... sont sur ...... – Die ... sind auf ......
(8) Ce sont ...... – Dies sind ......

D. Übungen

1. Setzen Sie die Wörter in den Plural:

1. le verre – 2. un bol – 3. la tasse – 4. une serviette – 5. un pot – 6. une cuiller – 7. un couvert – 8. le plateau – 9. un couteau – 10. une assiette

2. Setzen Sie die Sätze in den Plural:

1. Apportez un verre, s'il vous plaît. – 2. Voilà le couteau. – 3. Avez-vous une serviette? – 4. Où est l'assiette? – 5. Le bol est là. – 6. Le plateau est ici. – 7. La bouteille est sur la table. – 8. La fourchette est

ici. – 9. Voilà une casserole. – 10. Le couteau est sur le plateau. – 11. Apporte une cuiller, s'il te plaît.

3. Notieren Sie diejenigen 2 Hauptwörter aus dem Wortschatz, welche im Plural die Endung -x haben.

1. le ... – les ...; 2. le ... – les ...;

4. Übersetzen Sie: (Achten Sie auf die Fehlerquelle Nr. 2)

1. Hier sind Gabeln. – 2. Die Teller sind auf dem Tisch. – 3. Wo sind die Flaschen? – 4. Haben Sie Servietten? – 5. Bring Löffel, bitte! – 6. Wo sind die Löffel? – 7. Die Messer sind dort. – 8. Die Untertassen sind hier. – 9. Was ist das? Tassen ohne Henkel? – 10. Die Tassen sind auf dem Tablett. – 11. Dies sind Kochtöpfe. – 12. Haben Sie Tabletts? – 13. Dies sind Tischtücher. – 14. Bringen Sie eine Flasche und (= et) Gläser, bitte!

Un touriste allemand dans une papeterie.

DRITTE LEKTION

Das Adjektiv (1)

(Das Eigenschaftswort – L'adjectif qualificatif)

I. Die männliche und weibliche Form des Adjektivs im Singular – L'adjectif qualificatif au masculin singulier et au féminin singulier

A. Grammatik

Adjektive beschreiben Eigenschaften.

Le crayon est vert. – Der Bleistift ist grün.
oder: *le crayon vert* – der grüne Bleistift;

Bezieht sich ein Adjektiv auf ein weibliches Substantiv, so wird an seine männliche Form ein **-e** angehängt.

La serviette est verte. –
oder: *la serviette verte;*

Zur Aussprache:

In der männlichen Form ist der Endkonsonant eines Adjektivs stumm: *vert* [vɛr]
In der weiblichen Form ist der Endkonsonant hörbar: *verte* [vɛrt]

Anmerkungen:

1. Einige Adjektive enden in der männlichen Form auf -e: *Le verre est rouge* (rot). Diese Adjektive haben die gleiche Form für das Femininum: *La nappe est rouge.*
2. Einige Adjektive haben unregelmäßige Formen für das Femininum: *le bol blanc* (= weiß) – *la tasse blanche.*

B. Fehlerquellen

1. Im Französischen steht das Adjektiv zumeist nach dem Substantiv: *le crayon vert.*

2. Vergleichen Sie die Form des Adjektivs im Deutschen und im Französischen, wenn es in der Satzaussage (prädikativ) steht:
Die Serviette ist grün. – *La serviette est verte.*
Im Deutschen wird die Endung des Adjektivs in der Satzaussage **nicht** an das Geschlecht des Substantivs angeglichen. Im Französischen wird das Adjektiv **auch** in der Satzaussage an das Geschlecht des Substantivs angeglichen.
3. Einige Adjektive enden mit einem Vokal: *bleu* – blau. Der Unterschied zwischen der männlichen und weiblichen Form dieser Adjektive ist nicht hörbar:
a) *Le livre est bleu.* [blø]
b) *La serviette est bleue.* [blø]
Hier vergißt man leicht bei schriftlichen Arbeiten das -e der weiblichen Adjektivform.

C. Wortschatz

1. Wortfelder: Kleidungsstücke – *Des vêtements*
Farben – *Des couleurs*

a)	le vêtement	1. die Kleidung 2. das Kleidungsstück	la robe	das Kleid
	le pantalon	die Hose	la jupe	der Rock
	le costume	der Anzug	la chaussette	1. die Socke 2. der Kniestrumpf
	le pullover	der Pullover	la veste	die Strickjacke
	le manteau	der Mantel	la chemise	das Hemd
	un imperméable	ein Regenmantel	la cravate	die Krawatte
	le gant	der Handschuh	une écharpe	ein langer Schal
b)	vert, e	grün	blanc, blanche	weiß
	noir, e	schwarz	cher, chère	teuer
	gris, e	grau	bon, bonne	gut
	bleu, e	blau		
	jaune	gelb		
	rouge	rot		

2. Strukturen:

(1) De quelle couleur est . . .?	Welche Farbe hat . . .?
(2) Il/Elle porte	Er/Sie trägt . . . . . .?
(3) Est-ce qu'il/elle porte . . .?	Trägt er/sie . . .?

3. Die Verben **avoir** (haben) und **être** (sein)

j'ai	ich habe	je suis	ich bin
tu as	du hast	tu es	du bist
il/elle a	er/sie hat	il/elle est	er/sie ist
nous avons	wir haben	nous sommes	wir sind
vous avez	ihr habt	vous êtes	ihr seid
	Sie haben		Sie sind
ils/elles ont	sie haben	ils/elles sont	sie sind

D. Übungen

1. Füllen Sie die Kästchen waagrecht mit Farbadjektiven aus:

1.	**r**				
2.		**r**			
3.			**r**		
4.				**r**	

2. Gesprächssituation: Fragen nach Kleidungsstücken. Bilden Sie 4 Fragen und Antworten nach folgenden Mustern:

a) imperméable: Est-ce qu'il porte un imperméable . . . . ?

gris: Oui, il porte un imperméable gris . . . .

Verwenden Sie: 1. pantalon; noir – 2. pullover; vert – 3. manteau; jaune – 4. costume; gris –

b) veste: Est-ce qu'elle porte une veste . . . . ?

noire: Oui, elle porte une veste noire . . . .

Verwenden Sie: 1. robe; verte – 2. écharpe; bleue – 3. jupe; grise – 4. veste; blanche –

3. Vervollständigen Sie die Sätze mit der richtigen Form des Adjektivs:

1. (cher) Elle porte une veste ...? – 2. (gris) Où est la veste ......? – 3. (blanc) Avez-vous une écharpe ...? – 4. (bon) C'est un ... imperméable. – 5. (bleu) Le manteau est .... – 6. (noir) De quelle couleur est la jupe? – La jupe est .... – 7. (bleu) Voilà une chemise .... – 8. (cher) Le costume est ....

4. Welches der zwei angegebenen Hauptwörter (männlich oder weiblich) kann in die Lücke eingesetzt werden? Fügen Sie auch den bestimmten Artikel *le* oder *la* ein:

1. pantalon, jupe: ...... est verte. – 2. veste, gant: ...... est blanche. – 3. chemise, costume: ...... est noir. – 4. pullover, robe: ...... est cher.

5. Setzen Sie die entsprechende Form von *avoir* ein:

1. Nous ... un livre. – 2. Elle ... une jupe grise. – 3. Tu ... une cravate verte. – 4. J' ... un stylo. – 5. Vous ... des cartes postales. – 6. Ils ... des imperméables. – 7. Les garçons ... des serviettes. – 8. Pierre ... un pullover bleu. – 9. La fille ... des chaussures rouges. – 10. J' ... une enveloppe.

6. Setzen Sie die entsprechende Form von *être* ein:

1. Nous ... à Paris. – 2. L'oncle ... à Marseille. – 3. Il ... dans la papeterie. – 4. Ils ... à Strasbourg. – 5. Les cahiers ... là. – 6. Je ... Allemand. – 7. Vous ... Français? – 8. Les gants ... rouges. – 9. Tu ... de Bordeaux?

7. Übersetzen Sie:

1. Welche Farbe hat die Krawatte? – Die Krawatte ist gelb. – 2. Trägt sie einen Mantel? – Ja, einen roten Mantel. – 3. Welche Farbe hat Peters Hemd? Gelb oder (= ou) weiß? – 4. Hélènes Schal ist weiß und Peters Pullover grau. – 5. Hier ist die graue Hose und der schwarze Mantel. – 6. Dies ist ein teures Hemd, es ist weiß und blau. – 7. Er trägt eine schwarze Socke und eine graue Socke. – 8. Trägt er eine Krawatte? – Ja, sie ist grün und gelb. – 9. Welche Farbe hat Herrn Colottes Regenmantel? – Der Regenmantel ist gelb.

II. Der Plural des Adjektivs – L'adjectif qualificatif au pluriel

A. Grammatik

Das Adjektiv richtet sich nach der Zahl des Substantivs: es erhält in der Mehrzahl ein **-s.**

Einzahl: *le gant noir* – Mehrzahl: *les gants noirs.*

Das Mehrzahl-s wird auch dann an das Adjektiv angefügt, wenn es in der Satzaussage (prädikativ) steht.

Vergleichen Sie: Die blauen Mäntel – *les manteaux bleus.*
Die Mäntel sind blau. – *Les manteaux sont bleus.*

Anmerkung: Adjektive, die in der Einzahl auf -s enden (z. B. *gris*), erhalten in der Mehrzahl des Maskulinums kein weiteres -s: *un imperméable gris – des imperméables gris.*

Zusammenfassung:

Das Adjektiv richtet sich in Geschlecht (Maskulinum oder Femininum) und Zahl (Singular oder Plural) immer nach dem Substantiv, welches es beschreibt.

	Maskulinum	Femininum
Einzahl	le pantalon est **noir**	la jupe est **noire**
Mehrzahl	les pantalons sont **noirs**	les jupes sont **noires**

B. Fehlerquellen

1. Das Mehrzahl-s ist zumeist nicht hörbar. Es wird in der Schreibung häufig vergessen.
2. Abweichend vom Deutschen richtet sich das Adjektiv auch dann nach dem Substantiv, wenn es in der Satzaussage steht. (Vergleichen Sie obige Zusammenfassung!)

C. Wortschatz

1. Wortfeld: Gegensatzpaare – Antonymes

grand, e	groß
petit, e	klein
long, longue (!)	lang
court, e	kurz
propre	sauber
sale	schmutzig
léger, légère (!)	leicht
lourd, e	schwer
étroit, e	eng
large	1. breit 2. weit

Anmerkung: Achten Sie auf die unregelmäßigen Femininformen von long und léger!

2. Strukturen

(1) Le ... est **trop** (grand, long etc.). – Der ... ist **zu** (groß, lang usw.).
(2) La ... est **assez** (grande, longue etc.). – Die ... ist (groß, lang usw.) **genug.**
(3) La ... est **très** (grande, longue etc.). – Die ... ist **sehr** (groß, lang usw.).

Anmerkung: *Trop, assez, très* sind Umstandswörter (Adverbien – Adverbes). Sie sind immer unveränderlich: *une jupe trop longue.*

Les jeans d'Hélène

D. Übungen

1. Vervollständigen Sie die Adjektive:

1. Les chemises bleu ... – 2. les robes court ... – 3. les cravates long ... – 4. les manteaux long ... – 5. les gants jaune ... – 6. les chaussettes gris ... – 7. la veste étroit ... – 8. les jupes étroit ... – 9. les écharpes vert ... – 10. les pullovers large ... – 11. les robes noir ... –

2. Setzen Sie die richtige Form des Adjektivs ein:

1. Les écharpes sont (bleu) .... – 2. La robe est (court) .... – 3. Les gants sont (blanc) .... 4. Les chemises sont (étroit) .... – 5. Les cravates sont (court) .... – 6. L'imperméable est trop (long) .... – 7. Les chaussettes sont (gris) .... – 8. Les pullovers sont assez (grand) .... – 9. Les vestes sont trop (petit) .... – 10. Les gants sont (sale) .... – 11. Les robes sont (rouge) .... – 12. Les manteaux sont (lourd) .... – 13. Les jupes sont trop (court) ....

3. Gegensatzpaare: Vervollständigen Sie die Sätze:

1. Est-ce que la jupe est large? – Non, la jupe est ....
2. Est-ce que la veste est grande? – Non, la veste est ....
3. Est-ce que les cravates sont longues? – Non, les cravates sont ....
4. Est-ce que les pullovers sont petits? – Non, ...
5. Est-ce que le manteau est lourd? – Non, ...
6. Est-ce que le costume est long? – Non, ...
7. Est-ce que les chaussettes sont propres? – Non, ...

4. Unregelmäßige Adjektive: Vervollständigen Sie die Sätze:

1. long: Le manteau est .... – La jupe est ....
2. léger: Le costume est .... – La chemise est ....
3. blanc: Le gant est .... – La cravate est ....
4. cher: Le pantalon est .... – La jupe est ....

5. Welches Adjektiv paßt in die Lücke? (Achten Sie auf die Endungen!)

1. petit / chers / longues / large: Les vêtements sont trop ....
2. bon / courts / blanche / vertes: La robe est ....
3. légères / bonne / sale / courts: Les écharpes sont très ....
4. verte / larges / long / bleus: L'imperméable est assez ....

6. Übersetzen Sie:

1. Die Socken sind zu teuer. – 2. Die Pullover sind sehr eng. – 3. Haben Sie leichte Hemden? – 4. Die Handschuhe sind zu teuer. – 5. Wo sind die schmutzigen Pullover? – 6. Hier ist der weiße Schal. – 7. Sind die Röcke lang? – 8. Die Jacken sind sehr groß. – 9. Trägt sie teure Mäntel? – 10. Wo sind die leichten Hemden? – 11. Die Mäntel sind zu schwer. – 12. Haben Sie blaue Krawatten? – 13. Das weiße Hemd ist schmutzig. – 14. Die Kleidungsstücke sind zu teuer. – 15. Er trägt grüne Socken. – 16. Peters Hose ist zu kurz. – 17. Die Krawatte ist lang genug. – 18. Hélènes Kleider sind sehr weit. – 19. Wo ist die leichte Strickjacke?

VIERTE LEKTION

Das Verb (1)

(Zeitwort, Tunwort = Le verbe)

I. Die Konjugation (Beugung) der Verben auf -er. – La conjugaison des verbes en -er.

A. Grammatik

1. Regelmäßige Konjugation:

Einzahl: je port**e**, tu port**es**, il/elle port**e** (ich trage, du trägst, er/sie trägt).

Mehrzahl: nous port**ons**, vous port**ez**, ils/elles port**ent** (wir tragen, ihr tragt, sie tragen).

Anmerkung: Für die höfliche Anrede einer oder mehrerer Personen wird **vous** verwendet: *vous portez* – Sie tragen.

2. Unregelmäßige Verbformen in der 1. Person Mehrzahl:

a) Bei Verben, deren Stamm auf **-g** endet, wird in der 1. Person Mehrzahl *(nous)* ein **-e** zwischen Stamm und Endung eingefügt:

nous mang + e + ons → | nous mangeons | wir essen

b) Bei Verben, deren Stamm auf **-c** endet, wird in der 1. Person Mehrzahl *(nous)* statt -c ein **-ç** (c cédille) geschrieben.

| nous prononçons | wir sprechen aus

Durch diese beiden Änderungen in der Schreibweise wird die Aussprache von g [ʒ] und c [s] beibehalten.

B. Fehlerquellen

! Die Verbformen *porte, portes* und *portent* werden gleich ausgesprochen: [pɔrt]. Die Endungen werden jedoch verschieden geschrieben. Achten Sie also auf diese Übereinstimmung von Person und Verbendung!

je il/elle	porte
tu	portes
ils/elles	port**ent**

C. Wortschatz

1. Regelmäßige -er-Verben

regarder	un tableau	ein Bild	betrachten
montrer	une photo	ein Photo	zeigen
fermer	la fenêtre	das Fenster	schließen
	la porte	die Tür	
quitter	une maison	ein Haus	verlassen
	une ville	eine Stadt	
chercher	un hôtel	ein Hotel	suchen
parler	français	französisch	sprechen
	allemand	deutsch	
	anglais	englisch	
poser	une question	eine Frage	stellen
fumer	une cigarette	eine Zigarette	rauchen

2. a) Verben, deren Stamm auf -g endet:

manger	une soupe	eine Suppe	essen
	une salade	einen Salat	
	un dessert	einen Nachtisch	
corriger	une faute	einen Fehler	verbessern
ranger	les affaires (f.)	die Sachen	aufräumen

b) Verben, deren Stamm auf -c endet:

prononcer	mal	schlecht	aussprechen
	bien	gut	
commencer	un travail	eine Arbeit	beginnen
lancer	un ballon	einen Ball	werfen
foncer		schnell	fahren

D. Übungen

1. Ergänzen Sie die Endungen:

1. Il regard ... une photo. – 2. Ils regard ... un tableau. – 3. Elle cherch ... une papeterie. – 4. Elles cherch ... un hôtel. – 5. Nous mang ... une salade. – 6. Tu prononc ... bien. – 7. Ils parl ... allemand. – 8. Nous rang ... les affaires. – 9. Tu quitt ... la ville. – 10. Je commenc ... le travail. – 11. Vous rang ... les affaires. – 12. Tu fonc ... .

2. Setzen Sie in den Plural (achten Sie auch auf die Mehrzahl des unbestimmten Artikels!):

1. Il porte une cravate. – 2. Elle mange un dessert.

3. Setzen Sie ein passendes Verb aus dem Wortschatz ein. Achten Sie auf die Endungen:

1. Les hommes f ... des cigarettes. – 2. La fille m ... le dessert et les garçons m ... la salade. – 3. Nous l ... le ballon. – 4. Ils p ... une question. – 5. Nous p ... mal. – 6. Elle ch ... un hôtel. – 7. Tu p ... français. – 8. Ils qu ... la maison. – 9. Vous c ... le travail. – 10. Elles p ... bien. – 11. Les élèves f ... les fenêtres.

4. Ergänzen Sie die Antworten:

a)	1. Tu parles français?	– Non, je ... anglais, Peter ... français, Hélène et Pierre ... allemand.
	2. Tu regardes les revues?	– Non, je ... les cartes postales, Jean et Pierre ... les revues.
	Et Nicole?	– Elle ... les tableaux.
	3. Tu fumes?	– Oui, je ... des cigarettes.
	Et M. Colotte?	– Il ... des cigares.
b)	1. Vous mangez un dessert?	– Non, nous ... une salade.
	2. Vous rangez les livres?	– Non, nous ... les journaux.
	3. Vous prononcez bien?	– Non, nous ... mal.
	4. Vous commencez le travail?	– Oui, nous ... maintenant. (jetzt)

5. Übersetzen Sie:

1. Die Schüler zeigen die Photos. – 2. Wir korrigieren die Fehler. – 3. Wir werfen den Ball zu (= à) Peter. – 4. Er sucht ein Hotel. – 5. Sie suchen ein Schreibwarengeschäft. – 6. Wir beginnen die Arbeit. – 7. Wir fahren schnell. – 8. Das Mädchen betrachtet das Bild, und die Jungen betrachten die Fotos. – 9. Wir sprechen schlecht aus. – 10. Der Herr spricht französisch und die Studenten sprechen englisch.

II. Die Verneinung – La négation

A. Grammatik

1. Die Verneinung mit **ne ... pas**

Bei der Verneinung steht *ne* vor dem Verb und *pas* nach dem Verb:

Elle | ne mange pas. |

Vor einem Verb, das mit Vokal beginnt (*apporter* = bringen), wird *ne* zu **n'**:

Elle | n'apporte pas ... |

Anmerkung: In der Umgangssprache wird *ne* weggelassen:

Elle mange pas.

2. Die Verneinung und die unbestimmten Artikel.

Auf ein verneintes Verb folgt kein *un, une* oder *des*. (Wenige Ausnahmen!) Statt des unbestimmten Artikels steht nur **de**. Vergleichen Sie:

bejahtes Verb:	verneintes Verb:
Il apporte un couteau	Il n'apporte pas de couteaux
Il apporte une fourchette	Il n'apporte pas de fourchettes
Il apporte des verres.	Il n'apporte pas de verres.

B. Fehlerquelle

Vor Wörtern, die mit einem Vokal beginnen, werden *ne* und *de* apostrophiert: *Il n'apporte pas d'assiettes.*

C. Wortschatz

écouter	la radio	Radio hören
apporter	le couvert	das Gedeck bringen
arrêter	un taxi	ein Taxi anhalten
inviter	un ami	einen Freund
	une amie	eine Freundin einladen
aimer	le (!) café	gerne Kaffee trinken
	le (!) thé	Tee (mögen)
étudier	le (!) français	Französisch studieren
oublier	un mot	ein Wort vergessen

Poupou, la soupe et la limonade

Poupou **aime** la limonade.
Poupou **n'aime pas** la soupe.

D. Übungen

1. Ergänzen Sie die Antworten:

1. Vous fumez? – Non, je ... fume .... – 2. Il fonce? – Non, il ... fonce .... – 3. Il prononce bien? – Non, il .... – 4. Ils ferment la porte? – Non, ils .... la porte. – 5. Tu quittes la ville? – Non, je .... la ville. – 6. Tu cherches le journal? – Non, je .... le journal. – 7. Vous montrez les photos? – Non, nous .... les photos.

2. Verneinen Sie die Sätze:

1. J'invite des amis. – 2. Ils écoutent la radio. – 3. Elle étudie le français. – 4. Je corrige des fautes. – 5. J'aime la salade. – 6. Vous posez des questions. – 7. Je ferme la fenêtre. – 8. Il arrête le taxi. – 9. Je fume des cigarettes. – 10. Ils arrêtent le taxi. – 11. Tu oublies des mots. – 12. Ils aiment le thé. – 13. Nous regardons les maisons. – 14. Nous apportons des fourchettes. – 15. Elle invite l'amie. – 16. Il montre des photos.

3. Übersetzen Sie:

1. Wir verlassen die Stadt nicht. – 2. Der Onkel ist nicht da. – 3. Ich habe keinen (!) Bleistift. – 4. Dies sind nicht Peters Bücher. – 5. Er studiert nicht Deutsch. – 6. Wir sprechen nicht Englisch. – 7. Die Schwester bringt das Buch nicht. – 8. Wir laden die Tante nicht ein. – 9. Ich rauche keine Zigaretten. – 10. Wir trinken nicht gerne Tee. – 11. Sie ißt keine Suppe. – 12. Er bringt keine Gläser. – 13. Er ist nicht in (= à) Paris. – 14. Sie räumen die Sachen nicht auf.

III. Die Frageform (ohne Fragewort) – La forme interrogative

A. Grammatik

Die Frageform kann auf 3 Arten gebildet werden:

1. durch die Intonation: die Stimmführung wird am Satzende höher: Il quitte la ville? ↗

2. durch die Hilfskonstruktion *est-ce que*, die dem Subjekt vorangestellt wird:

1. Est-ce que je quitte la ville? – 2. Est-ce que tu quittes la ville? – 3. Est-ce qu'il/elle (Apostrophierung) quitte la ville? – 4. Est-ce que nous quittons la ville? – 5. Est-ce que vous quittez la ville? – 6. Est-ce qu'ils/elles quittent la ville?

3. durch Umstellung von Personalpronomen und Verb. Achten Sie auf die Bindestriche und das Einschieben eines **t** in der 3. Person Singular *(il, elle)*:

Est-ce que je quitte la ville?	Quittons-nous la ville?
Quittes-tu la ville?	Quittez-vous la ville?
Quitte-t-il la ville?	Quittent-ils la ville?
Quitte-t-elle la ville?	Quittent-elles la ville?

Anmerkung: 1. Die Frageformen unter 1. und 2. finden sich häufiger in der Umgangssprache; die Frageform unter 3. gehört der gehobenen Sprache an.

2. Für die 1. Person Singular wird fast ausschließlich die Frageform mit *est-ce que* verwendet.

B. Fehlerquelle

Bei der 3. Frageform werden die Bindestriche und das **t** für die 3. Person vergessen.
Achten Sie auf diese Veränderung besonders bei Verbformen, die auf -te enden: *apporte-t-il?*

C. Wortschatz

In den folgenden Übungen wird der bisher angeführte Wortschatz wiederholt.

D. Übungen

1. Bilden Sie Fragesätze mit *est-ce que* (2. Frageform) aus den folgenden Aussagesätzen:

1. Tu écoutes la radio. – 2. Vous étudiez le français. – 3. Il corrige les fautes. – 4. Elle fonce. – 5. Ils arrêtent un taxi. – 6. Elle apporte des

verres. – 7. Vous aimez le thé. – 8. Ils regardent les photos. – 9. Il ferme la fenêtre. – 10. Nous mangeons une salade. – 11. Il parle allemand.

2. Bilden Sie Fragesätze aus den folgenden Aussagesätzen. Verwenden Sie die 3. Frageform (Umstellung von Pronomen und Verb):

1. Il regarde un tableau. – 2. Vous cherchez un hôtel. – 3. Elle porte une jupe grise. – 4. Elle parle allemand. – 5. Ils commencent le travail. – 6. Ils invitent la famille Colotte. – 7. Il prononce bien. – 8. Elle quitte la ville. – 9. Vous mangez une salade. – 10. Il range les affaires. – 11. Vous aimez le café. – 12. Elle apporte le livre. – 13. Il arrête un taxi. – 14. Elle invite des amis.

3. Bilden Sie Fragen in der 3. Frageform zu folgenden Antworten:

1. . . . . . .? – Oui, elle aime le café. – 2. . . . . . .? – Oui, il apporte des verres. – 3. . . . . . .? – Non, ils ne rangent pas les affaires. – 4. . . . . . .? – Oui, elles cherchent un hôtel. – 5. . . . . . .? – Non, nous n'oublions pas de mots. – 6. . . . . . .? – Non, vous ne foncez pas.

4. Übersetzen Sie. Verwenden Sie die 3. Frageform:

1. Verläßt er das Hotel? – 2. Betrachtet ihr die Photos? – 3. Studiert sie Deutsch? – 4. Schließt du das Fenster? – 5. Beginnen sie die Arbeit? – 6. Trägt er ein weißes Hemd? – 7. Halten wir ein Taxi an? – 8. Trinkst du gerne Kaffee? – 9. Lädt er Peter ein? – 10. Sucht sie die Zeitung? – 11. Korrigieren wir die Fehler?

IV. Der Imperativ

(Die Befehlsform – L'impératif)

A. Grammatik

1. Der bejahte Imperativ – L'impératif à la forme affirmative

parle	sprich!
parlons	wir wollen sprechen! Laßt uns sprechen! Sprechen wir doch!
parlez	sprecht! Sprechen Sie!

2. Der verneinte Imperativ – L'impératif à la forme négative

ne parle pas	sprich nicht!
ne parlons pas	sprechen wir nicht!
ne parlez pas	sprecht nicht! Sprechen Sie nicht!

B. Fehlerquellen

1. Der Imperativ Singular der -er-Verben hat in der Schreibung **kein s.**
2. Der Imperativ wird ohne Personalpronomen gebildet.

C. Wortschatz

Verben:	monter	hinaufgehen, einsteigen	rester	bleiben
	rentrer	nach Hause kommen, heimgehen	enfiler	anziehen
			garder	behalten aufbewahren

D. Übungen

1. Bilden Sie den bejahten und verneinten Imperativ der folgenden Wendungen im Singular und Plural:

1. garder le livre – 2. enfiler la veste – 3. fermer la fenêtre – 4. regarder la photo

2. Ergänzen Sie die bejahten und verneinten Befehlssätze:

Beispiel: Pierre ne ferme pas la porte. Mme Colotte: »Ferme la porte, Pierre.«

1. Hélène ne range pas les affaires. Mme Colotte: ». . . . .«
2. Pierre n'enfile pas le pullover. Mme Colotte: ». . . . . . .«
3. Hélène mange le dessert de Pierre. Mme Colotte: ». . . . .«
4. Pierre et Hélène ne commencent pas le travail. Mme Colotte: ». . . .«
5. Pierre et Hélène n'apportent pas les couverts. Mme Colotte: ». . . .«
6. Pierre et Hélène rentrent trop tard (zu spät). Mme Colotte: ». . . .«
7. Hélène fume les cigarettes de papa. Mme Colotte: ». . . . .«

3. Übersetzen Sie:

1. Komm nach Hause! – 2. Bleiben Sie hier! – 3. Wir wollen nicht hinaufgehen! – 4. Ziehen Sie den Mantel an! – 5. Halten Sie ein Taxi an! – 6. Laßt uns heimgehen! – 7. Steigen Sie ein! – 8. Geh nicht hinauf! – 9. Bringen Sie ein Glas, bitte! – 10. Schließ das Fenster! – 11. Wir wollen nicht im (à) Hotel bleiben! – 12. Behalten Sie das Photo! – 13. Laden wir (doch) Peter ein! – 14. Wir wollen auf den Eiffelturm steigen! (la tour Eiffel) – 15. Betrachten Sie das Bild!

FÜNFTE LEKTION

I. Der Teilungsartikel – L'article partitif

A. Grammatik

1. Form:

Der Teilungsartikel besteht aus *de* (= von) und den bestimmten Artikeln *le, la* und *les.*

De wird mit *le* und *les* zusammengezogen zu:

de + le → du: Il apporte du café.

de + les → des: Il apporte des livres.

Keine Verschmelzung: Il apporte de la confiture.
Il apporte de l'argent. (argent = Geld)

2. Bedeutung:

a) Im Singular bedeutet der Teilungsartikel eine unbestimmte Menge:
Il mange du pain = Er ißt Brot. *Il mange de la soupe* = Er ißt Suppe.

b) Im Plural bedeutet der Teilungsartikel eine unbestimmte Anzahl:
Il mange des sandwiches = Er ißt belegte Brote.

3. Verkürzte Form:

Der Teilungsartikel heißt nur **de**:

a) wenn die unbestimmte Menge bzw. Anzahl näher bestimmt ist; z. B. durch (1) Mengenangaben oder durch (2) Adverbien der Menge:
(1) *Voilà une tasse de café. Apportez un verre de thé. J'ai un kilo de bananes.*
(2) *Tu fumes trop de cigarettes. Nous avons assez de confiture.*

b) in verneinten Sätzen:
Je ne fume pas de cigarettes. Je ne mange pas de confiture.

Ausnahme: Wird das Verb *être* verneint, so steht der volle Teilungsartikel:

Ce n'est pas du thé. Ce n'est pas de la confiture.
Ce ne sont pas des oranges.

B. Fehlerquellen

Zählbare Dinge stehen auch nach dem verkürzten Teilungsartikel im Plural: *Je ne fume pas de cigarettes.*
Il ne porte pas de chaussettes.

C. Wortschatz

1. Wortfeld: Frühstück – *Le petit déjeuner*

le lait	die Milch	le café au lait	der Milchkaffee
le sucre	der Zucker	le thé au citron	Tee mit Zitrone
le beurre	die Butter	le miel	der Honig
le pain	das Brot	la confiture	die Marmelade
le petit pain	das Brötchen	la tartine	die Brotscheibe
le croissant	das Hörnchen	le sandwich	das belegte Brot
un œuf [œf]	das Ei	il prend	er nimmt
Plural: des œufs [ø]		il boit	er trinkt

2. Adverbien der Menge

beaucoup de	viel	peu de	wenig
trop de	zu viel	trop peu de	zu wenig

D. Übungen

1. Setzen Sie den Teilungsartikel ein:

1. Il prend ... lait, ... confiture et ... petits pains. – 2. Elle prend ... thé au citron, ... miel, ... croissants et ... beurre. – 3. Voilà ... sucre, ... pain, ... œufs et ... tartines. – 4. Le garçon apporte une tasse ... café, un verre ... thé et un peu ... beurre. – 5. Il prend beaucoup ... café et peu ... lait. – 6. Mme Colotte apporte ... bananes, ... citrons et un kilo ... oranges. – 7. Tu manges trop ... croissants et trop peu ... pain. – 8. Il prend ... tartines, et un peu ... beurre. – 9. Il boit ... café au lait; elle boit beaucoup ... thé au citron. – 10. Voici ... petits pains, ... thé, ... confiture et un peu ... lait.

2. Verneinen Sie folgende Sätze:

1. Elle boit du thé. – 2. La fille apporte des tasses de café. – 3. Pierre prend des croissants. – 4. Ce sont des petits pains. – 5. C'est du beurre. –

6. Nous mangeons de la confiture. – 7. C'est du sucre. – 8. Nous avons du sucre. – 9. Ce sont des sandwiches. – 10. Jean mange des œufs. – 11. C'est de la confiture. – 12. Elle prend du miel.

3. Bilden Sie Fragen und Antworten nach folgendem Muster:

1. Avez-vous du lait? – Non, nous n'avons pas de lait.
(pain, beurre, œufs, tartines, sandwiches, thé au citron, confiture)

4. Übersetzen Sie:

1. Er nimmt Milch, aber (= mais) er nimmt keinen Zucker. – 2. Du ißt zu viel Butter. – 3. Wir haben viele Hörnchen, aber wenig Brötchen. – 4. Was ist das? Marmelade? – 5. Wir haben zu wenig Tee. – 6. Dies ist kein Milchkaffee. – 7. Sie trinkt Tee mit Zitrone und ißt belegte Brote. – 8. Bringen Sie Eier, bitte! – 9. Dies sind keine Brötchen. – 10. Hier ist Zucker, Milch und Kaffee. – 11. Bringen Sie Marmelade, bitte! – 12. Sie nimmt viel Zucker. – 13. Ein Glas Tee, bitte! – 14. Du ißt zu wenig Brot.

II. **Regelmäßige Verben auf -re** – Verbes réguliers en -re

A. Grammatik

1. Die Konjugation der **-re**-Verben – La conjugaison des verbes en -re

Bejaht:	Verneint:	Fragend:
je réponds	je ne réponds pas	est-ce que je réponds?
tu réponds	tu ne réponds pas	réponds-tu?
il répond	il ne répond pas	répond-il?
elle répond	elle ne répond pas	répond-elle?
nous répondons	nous ne répondons pas	répondons-nous?
vous répondez	vous ne répondez pas	répondez-vous?
ils répondent	ils ne répondent pas	répondent-ils?
elles répondent	elles ne répondent pas	répondent-elles?

2. Befehlsform: Réponds – Antworte!
Répondons – Antworten wir! Wir wollen antworten! Laßt uns antworten!
Répondez – Antwortet! Antworten Sie!

3. Die Endung -t in der 3. Person Singular:

Regelmäßige Verben auf -re, deren Stamm nicht mit -d oder -t endet, haben in der dritten Person Singular die Endung -t:

interrompre – unterbrechen

Stamm	Endung
interromp	re

il interrompt
elle interrompt

B. Fehlerquellen

1. Achten Sie beim Schreiben auf die nicht hörbaren Endungen im Singular.
2. In der Frageform wird in der 3. Person Singular kein -t eingeschoben: répond-il?

C. Wortschatz

Häufige Verben auf -re:

attendre	warten	perdre	verlieren
	erwarten	rendre	zurückgeben
descendre	hinuntergehen	vendre	verkaufen
	aussteigen	entendre	(zufällig) hören

D. Übungen

1. Ergänzen Sie die Verben:

1. J'att ... une amie. – 2. Ent ... -tu la musique? – 3. Desc ... -il à Strasbourg? – 4. Mme Colotte à Pierre: Ne p ... pas le livre, Pierre. – 5. V ... -elle des vêtements? – 6. Les touristes desc ... de la tour Eiffel. – 7. Att ... -ils un taxi? – 8. Pierre r ... les livres à Hélène. – 9. V ... -tu la cravate? – 10. Il ne ré ... pas. – 11. Il interr ... M. Colotte. – 12. Att ... -elle devant (= vor) le restaurant? – 13. Re ... -il l'argent? – 14. Pierre à Hélène: N'att ... pas, Hélène. – 15. Desc ... -vous?

2. Formen Sie die Aussagesätze in Fragesätze um: (Umstellung von Pronomen und Verb)

1. Elle attend Pierre. – 2. Elle mange des oranges. – 3. Il rend les cahiers. – 4. Il apporte des verres. – 5. Elle écoute la radio. – 6. Il vend des

journaux. – 7. Il arrive à Marseille. – 8. Il descend à Avignon. – 9. Elle rend la robe. – 10. Elle étudie le français. – 11. Elle vend des œufs.

3. Übersetzen Sie:

1. Warte! Du verlierst die Postkarten. – 2. Hier ist der Eiffelturm. Wir wollen aussteigen. – 3. Hörst du die Kinder? – 4. Steigen Sie nicht aus! Warten Sie noch (encore) ein wenig! – 5. Erwartest du die Tante? – 6. Er verkauft Brot, Hörnchen und Brötchen. – 7. Verlieren Sie den Mut (courage) nicht! – 8. Sie geben das Geld nicht zurück. – 9. Verliere das Photo nicht! – 10. Sie hört schlecht, sie hört deine (tes) Fragen nicht. – 11. Verkaufen Sie das Bild? – 12. Hört ihr die Schüler? – 13. Unterbrechen Sie die Dame nicht. – 14. Verkauft er viele Bücher? – 15. Steigen Sie in (à) Bordeaux aus?

I. Die Präpositionen »de« und »à« beim Substantiv – Les prépositions »de« et »à« avec un nom

A. Grammatik

de

1. Bedeutung:

a) *de* bei einem Substantiv wird verwendet, um eine Zugehörigkeit (Besitzverhältnis) auszudrücken:

Les fenêtres de la cathédrale.	Die Fenster der Kathedrale.
C'est le livre de Pierre.	Das ist Peters Buch.

de mit einem Substantiv gibt die Antwort auf die Frage **wessen?** (Genitiv)

b) *de* vor einer Ortsangabe heißt: von, aus

Il téléphone de Paris.	Er telephoniert aus Paris.

2. Verschmelzung von *de* mit den Artikeln *le* und *les* (articles contractés):

de + le → du: *Voilà le chef du restaurant.* – Hier ist der Chef des Restaurants.

de + les → des: *Voilà les livres des garçons.* – Hier sind die Bücher der Jungen.

à

1. Bedeutung:

a) *à* bei einem Substantiv wird verwendet, um die Person (Sache) zu bezeichnen, an die man sich wendet:

Il montre les photos à Hélène.	Er zeigt Hélène die Photos.
Il donne le livre à l'élève.	Er gibt dem Schüler das Buch.

à mit einem Substantiv gibt die Antwort auf die Frage **wem?** (Dativ, Complément indirect)

b) *à* vor einer Ortsangabe heißt: in, nach, zu

Il est à Reims.	Er ist in Reims.
Il va à Paris.	Er geht (fährt) nach Paris.
Il va à l'école.	Er geht zur Schule.

2. Verschmelzung von à mit den Artikeln *le* und *les*: (articles contractés)

à + le → au: *Il donne l'argent au garçon.* – Er gibt dem Jungen das Geld.

à + les → aux: *Il montre la ville aux touristes.* – Er zeigt den Touristen die Stadt.

B. Fehlerquellen

1. Man hört keinen Unterschied zwischen *au* und *aux*. Achten Sie beim Schreiben auf die Singularform *au* und die Pluralform *aux*!
2. Vergleichen Sie die Wortstellung im Deutschen und Französischen. Der Dativ (à mit Substantiv) steht am **Ende** des Satzes: *Elle donne les oranges au garçon.*

C. Übungsmaterial

1. Wendungen mit der Präposition de:

parler de	sprechen von	rentrer de	zurückkommen von, zurückkommen aus
rêver de	träumen von		
être loin de	weit entfernt sein von	être près de	nahe bei sein
être content de	zufrieden sein mit		

2. Wendungen mit der Präposition à:

donner à	jemandem geben	demander à	jemanden (!) fragen, jemanden (!) bitten
montrer à	jemandem zeigen	parler à	mit jemandem sprechen
rester à	bleiben in		

D. Übungen

1. Ergänzen Sie die Sätze mit *de, de l', du, de la* oder *des*:

1. Voilà l'ami ... Pierre. – 2. Il parle ... garçons. – 3. Elle rentre ... ville. – 4. Nous sommes contents ... hôtel. – 5. La mère ... enfants n'est pas là. – 6. Où est la lettre ... oncle? – 7. Parles-tu ... amis? – 8. Il téléphone ... restaurant. – 9. La papeterie est près ... cathédrale. – 10. Etes-vous contents ... livre? – 11. La maison n'est pas loin ... ville. – 12. La couleur ... manteau est belle. – 13. Elle rêve ... Paris. – 14. Les pullovers ... élèves sont gris. – 15. Elle parle ... dessert. – 16. La cravate ... professeur est jolie. – 17. La revue ... dame est sur la table. – 18. Est-ce que ce sont les assiettes ... enfants? – 19. Parlez-vous ... père ... Robert?

2. Ergänzen Sie die Sätze mit *à, à l', au, à la* oder *aux*:

1. Il montre les photos ... enfants. – 2. Le père donne de l'argent ... fille. – 3. Elle est ... restaurant. – 4. Est-il ... Marseille? – 5. Il parle ... oncle. – 6. M. Colotte montre la ville ... amis. – 7. Demandez ... professeur. – 8. Nous montrons les photos ... étudiants. – 9. Restez-vous ... maison? – 10. Le guide (Führer) montre la cathédrale ... touristes. – 11. Il va ... papeterie. – 12. Mme Colotte montre la robe ... tante. – 13. L'élève va ... école. – 14. Les étudiants posent des questions ... professeur. – 15. Voilà un café ... lait. – 16. Il parle ... l'ami de Pierre.

3. Übersetzen Sie:

1. Die Fenster des Hauses sind geschlossen. (fermées) – 2. Sie kommt aus der Stadt zurück. – 3. Er zeigt den Touristen das Bild. – 4. Gebt ihr dem Mädchen das Geld? – 5. Das Kleid der Dame ist zu lang. – 6. Das Hotel ist weit von der Stadt entfernt. – 7. Seid ihr mit dem Nachtisch zufrieden? – 8. Fährst du nach Paris? – 9. Wir sprechen von Peters Freundin. – 10. Er spricht mit Peter. – 11. Er spricht deutsch mit den Touristen. – 12. Ist dies der Regenmantel des Jungen? – 13. Sie geht nicht zur Schule. – 14. Wir telefonieren aus Paris. – 15. Er geht zur Arbeit.

II. Die Verben auf -ir – Les verbes en -ir

A. Grammatik

Bei den Verben auf -ir müssen wir zwei Gruppen unterscheiden:

1. Verben mit der Stammerweiterung -iss,
2. Verben ohne Stammerweiterung.

1. Verben auf *-ir* mit der Stammerweiterung *-iss*: (Verbes en -ir avec radical amplifié -iss)

finir – beenden, aufhören

Singular:	je finis; tu finis; il finit; elle finit.
Plural:	nous finissons; vous finissez; ils finissent; elles finissent.
Verneinung:	je ne finis pas; tu ne finis pas; il/elle ne finit pas; nous ne finissons pas; vous ne finissez pas; ils/elles ne finissent pas.
Frageform:	est-ce que je finis?; finis-tu?; finit-il?; finit-elle?; finissons-nous?; finissez-vous?; finissent-ils?; finissent-elles?
Befehlsform:	Finis. Finissons. Finissez.

2. Verben auf *-ir* ohne Stammerweiterung:

dormir – schlafen

Singular:	je dors; tu dors; il dort; elle dort.
Plural:	nous dormons; vous dormez; ils dorment; elles dorment.
Verneinung:	je ne dors pas; tu ne dors pas; il/elle ne dort pas; nous ne dormons pas; vous ne dormez pas; ils/elles ne dorment pas.
Frageform:	est-ce que je dors?; dors-tu?; dort-il?; dort-elle?; dormons-nous?; dormez-vous?; dorment-ils?; dorment-elles?
Befehlsform:	Dors. Dormons. Dormez.
Anmerkung:	Bei den Verben auf -ir ohne Stammerweiterung fällt in den Personen des Singulars der letzte Konsonant des Stammes weg: dorm – ir: *je dors, tu dors, il dort.*

Wichtige Verben dieser Gruppe sind: *sentir* (fühlen), *sortir* (ausgehen, heraustreten), *servir* (dienen, auftragen), *partir* (abreisen), *consentir* (einwilligen).

B. Fehlerquelle

Verwechslung von Verben auf -ir mit und ohne Stammerweiterung:
finir – nous finissons; partir – nous partons.

C. Wortschatz

Wortfeld: Im Restaurant – *Au restaurant*

choisir (nous choisissons)	un hors d'œuvre un potage	eine Vorspeise wählen eine (Gemüse-)Suppe wählen
servir (nous servons)	le plat du jour le plat garni	Tagesgericht auftragen die Platte mit Beilagen
remplir (nous remplissons)	un verre	ein Glas (wieder) füllen
réfléchir un moment (nous réfléchissons)		einen Augenblick überlegen
grossir parce que		zunehmen (an Gewicht), weil

une addition	eine Rechnung	la viande	das Fleisch
le rafraîchissement	die Erfrischung	le client	der Gast
le vin	der Wein	le fruit	das Obst
la bière	das Bier	le fromage	der Käse
le garçon	der Ober	la pomme de terre	die Kartoffel
la serveuse	die Bedienung	longtemps	lange

D. Übungen

1. Setzen Sie in alle Personen:

1. Je choisis un vin blanc, je n'aime pas la bière. (Tu ... etc.) –
2. Je finis le travail parce que je sors.

2. Ergänzen Sie die Endungen der Verben:

1. Le garçon ser... le vin et rempl... les verres. – 2. Les clients réfléch ... longtemps. – 3. Nous chois ... un fromage. – 4. Qu'est-ce que tu chois... pour (als) le dessert? – 5. Les garçons ser... les clients. – 6. Elle rempl ... la tasse. – 7. Est-ce que vous chois ... un

fruit? – 8. M. Colotte réfléch... un moment. – 9. Nous gross... parce que nous mang... trop. – 10. Est-ce que vous serv... les pommes de terre? – 11. Pierre chois... une bière. – 12. Les serveuses serv... les potages. – 13. Les clients sor... du restaurant et par.... – 14. L'oncle et la tante réfléch... un moment, puis (dann) ils chois... un plat garni. – 15. Vous ne gross... pas, parce que vous ne mang... pas trop. – 16. Est-ce que tu dor...? – 17. Est-ce que vous par...? – Oui, nous par... maintenant. – 18. La mère aux enfants: »Dor...!« – 19. Le garçon aux clients: »Chois..., messieurs.« – 20. Vous rempl ... le verre, s'il vous plaît?

3. Bejahte und verneinte Befehle. Ergänzen Sie die Befehlssätze:

Beispiel:	Le petit Jean ne dort pas.	Mme Colotte:	»Dors.«
1.	Les enfants ne dorment pas.	Mme Colotte:	»...«
2.	La fille sort sans (ohne) manteau.		»Ne ... pas sans manteau.«
3.	M. Colotte part sans argent.		»Ne ...«
4.	Les enfants ne finissent pas le travail.		»...«
5.	Pierre et Hélène ne réfléchissent pas.	Mme Colotte:	»...«
6.	Ils dorment trop longtemps.		»...«
7.	La fille choisit une robe trop courte.		»... assez longue.«
8.	La fille sert la bière sans verres.		»Ne ...«
9.	Les amis partent.		»Ne ...«
10.	Les enfants choisissent des plats garnis très chers.		»Ne ... trop chers.«

4. Übersetzen Sie:

1. Was wählen Sie? – 2. Wir schlafen nicht lange. – 3. Der Ober trägt die Vorspeisen auf. – 4. M. Colotte wählt eine blaue Krawatte. – 5. Riechen Sie (mal)! – 6. Reisen Sie nicht ab? – 7. Wir wollen einen Augenblick überlegen! – 8. Wer bedient die Gäste? Ein Ober oder eine Bedienung? – 9. Wir wollen die Gläser füllen! – 10. Hélène geht mit (avec) Robert aus. – 11. Hier sind einige Erfrischungen. Wählen Sie! – 12. Riechst du den Käse? Er ist sehr gut. – 13. Sie überlegen nicht lange

und wählen einen guten Rotwein. – 14. Die Gäste reisen nicht ab, sie bleiben im Hotel. – 15. Du überlegst lange. Was wählst du? – 16. Ich nehme zu, weil ich zu viele Kartoffeln esse. – 17. Geht nicht ohne Regenmantel aus! – 18. Wählt ihr Käse oder Obst? – 19. Der Ober serviert den Wein und die Gläser auf einem Tablett. – 20. Die Bedienung bringt die Rechnung auf einem Teller. – 21. Füllt die Gläser nicht! Laßt uns abreisen! – 22. Reist er nach (pour) Paris? – 23. Sie ißt viel, aber sie nimmt nicht zu.

III. Verben auf -er mit Veränderungen im Stamm – Verbes en -er avec changements du radical

A. Grammatik

Wiederholung: Ein Verb besteht aus Stamm *(le radical)* und Endung *(la terminaison)*.
z. B. *apporter*: Stamm: apport-; Endung: -er.

Betonung: Bei den drei Personen des Singulars und bei der 3. Person Plural ist der Stamm betont:
j'**apport**e; tu **apport**es; il/elle **apport**e; ils/elles **apport**ent.
Beim Infinitiv und bei der 1. und 2. Person Plural ist die Endung betont:
appor**ter**; nous appor**tons**; vous appor**tez**.

Besonderheiten in den Konjugationen:

1. Verben wie **lever** – aufheben

je lève	[lɛv]	Die **stammbetonten** Formen werden mit è geschrieben; die Aussprache ist [ɛ].
tu lèves	[lɛv]	
il/elle lève	[lɛv]	
ils/elles lèvent	[lɛv]	
nous levons	[l(ə)vɔ̃]	Die **endungsbetonten** Formen werden mit **e** geschrieben; die Aussprache ist [ə], bei schnellem Sprechen: [lvɔ̃].
vous levez	[l(ə)ve]	
Infinitiv: lever	[l(ə)ve]	

ebenso: *mener* – führen; *peser* – wiegen; *acheter* – kaufen; *peler* – schälen; *emmener* – mitnehmen (von Personen).

2. Verben wie **appeler** (rufen) und **jeter** (werfen)

j'appelle tu appelles il/elle appelle ils appellent elles appellent	je jette tu jettes il/elle jette ils jettent elles jettent	Die **stammbetonten** Formen werden mit **-ll** bzw. **-tt** geschrieben; die Aussprache ist [ɛ].
nous appelons vous appelez Infinitiv: appeler	nous jetons vous jetez jeter	Die **endungsbetonten** Formen werden mit **-l** oder **-t** geschrieben; die Aussprache ist [apəle] bzw. [aple].

ebenso: *épeler* – buchstabieren; *renouveler* – erneuern; *chanceler* – schwanken; *projeter* – werfen; *feuilleter* – blättern.

3. Verben wie **répéter** – wiederholen

je répète tu répètes il/elle répète ils/elles répètent	Die **stammbetonten** Formen werden mit **-è** geschrieben; die Aussprache ist [ɛ].
nous répétons vous répétez Infinitiv: répéter	Die **endungsbetonten** Formen werden mit **-é** geschrieben; die Aussprache ist [e].

ebenso: *posséder* – besitzen; *compléter* – vervollständigen.

4. Verben wie **essayer** – versuchen

j'essaie tu essaies il/elle essaie ils/elles essaient	Die **stammbetonten** Formen werden mit **-i** geschrieben; die Aussprache ist [esɛ] oder [esej].
nous essayons vous essayez Infinitiv: essayer	Die **endungsbetonten** Formen werden mit **-y** geschrieben; die Aussprache ist [esejɔ̃].

ebenso: *envoyer* – schicken; *nettoyer* – reinigen; *essuyer* – (aus) wischen; *tutoyer* – jemanden mit »du« anreden, duzen.

Anmerkung: Das Verb *payer* – bezahlen kann in den stammbetonten Formen mit -i oder -y geschrieben werden: *je paye* oder *je paie.*

B. Fehlerquelle

Die stammbetonten Formen von *acheter* werden nicht wie Verben mit ähnlichem Stamm *(projeter)* dekliniert, sondern wie *lever: je projette*, aber: *j'achète.*

C. Wortschatz

peser	un kilo	ein Kilo	
	une livre	ein Pfund	abwiegen
épeler	un nom	einen Namen	
	une adresse	eine Adresse	buchstabieren
envoyer	un paquet	ein Paket	
	un télégramme	ein Telegramm	schicken
peler	une orange	eine Orange	
	une pomme	einen Apfel	
	une poire	eine Birne	schälen
posséder	une voiture	ein Auto	
	une moto	ein Motorrad	
	une bicyclette	ein Fahrrad	besitzen
nettoyer	une pièce	ein Zimmer	
	une chambre	ein Schlafzimmer	reinigen

D. Übungen

1. Setzen Sie die richtige Verbform ein:

1. emmener: j' . . .; vous . . .; elles . . .; tu . . .;
2. appeler: elles . . .; tu . . .; nous . . .; elle . . .;
3. compléter: nous . . .; je . . .; vous . . .; ils . . .; il . . .;
4. envoyer: il . . .; vous . . .; elles . . .; tu . . . .

2. Vervollständigen Sie die Verben:

1. Elle p . . . un kilo de pommes. La route (Straße) m . . . à Bordeaux. Ils emm . . . les amis. Nous ach . . . du pain. P . . . -t-il la banane?
2. Elle app . . . Pierre. Papa feui . . . le journal. Nous ép . . . le nom de l'hôtel.

3. Nous compl . . . les mots. M. Colotte poss . . . une maison. Poss . . . -vous une Renault?
4. La femme nett . . . la pièce. Nous ess . . . les assiettes. Est-ce que les enfants tut . . . l'oncle?

3. Setzen Sie sinngemäße Verben aus dem obigen Wortschatz ein:

1. . . . -vous un télégramme? – 2. Pierre . . . une poire. – 3. Les femmes . . . les pièces. – 4. Hélène . . . l'adresse. – 5. . . . -t-il une lettre? – 6. Est-ce que M. Colotte . . . une voiture anglaise? – 7. Les vendeurs (Verkäufer) . . . les fruits. – 8. Nous . . . une carte postale à oncle Henri. – 9. Nous . . . la chambre. – 10. Les filles . . . les oranges.

4. Ergänzen Sie die Antworten:

1. Est-ce que vous essuyez les verres? – Non, nous . . . les assiettes. Pierre . . . les verres.
2. Est-ce que vous envoyez un télégramme? – Non, j' . . . une lettre. Pierre et Hélène . . . un télégramme.
3. Est-ce que vous appelez les amis? – Oui, j' . . . Robert et Catherine.
4. Qu'est-ce que vous achetez? Des fruits? – Oui, j' . . . des oranges et Pierre et Hélène . . . des poires.
5. Est-ce que vous emmenez Robert à Paris? – Non, nous n' . . . pas Robert. M. et Mme Colotte . . . Robert à Paris.

5. Übersetzen Sie:

1. Sie besitzen ein Haus in Marseille. – 2. Buchstabieren Sie den Namen der Stadt. – 3. Kaufst du ein Pfund Äpfel, bitte? – 4. Die Kinder blättern in einem Buch. – 5. Er führt die Touristen zur Kathedrale. – 6. Kauft ihr ein Auto? – 7. Der Ober wischt die Gläser nicht aus. – 8. Sie kauft das Kleid nicht, es ist zu teuer. – 9. Herr Colotte bezahlt die Rechnung. – 10. Die Kinder schicken den Freunden eine Postkarte. – 11. Sie hebt die Zeitung auf. – 12. Er buchstabiert die Adresse. – 13. Peter duzt seinen Onkel. – 14. Wiederholen Sie das Wort, bitte. – 15. Laßt uns die Rechnung bezahlen. – 16. Rufe Peter! – 17. Hebe das Buch auf! – 18. Kaufen Sie die Birnen nicht, sie sind nicht gut. – 19. Rufen wir (doch) ein Taxi! – 20. Kaufen Sie das Auto? – 21. Kaufen sie das Motorrad? – 22. Rufe den Ober, bitte.

SIEBTE LEKTION

Pronomen (1)

(Fürwörter – Les Pronoms)

I. Das adjektivische Possessivpronomen – Besitzanzeigendes Fürwort – L'adjectif possessif

A. Grammatik

1. Formen:

	mask. sing. le	fem. sing. la	vor Vokal und (h) l'
je mange	mon dessert	ma soupe	mon orange
tu manges	ton dessert	ta soupe	ton orange
il mange	son dessert	sa soupe	son orange
elle mange	son dessert	sa soupe	son orange
nous mangeons	notre dessert	notre soupe	notre orange
vous mangez	votre dessert	votre soupe	votre orange
ils mangent	leur dessert	leur soupe	leur orange
elles mangent	leur dessert	leur soupe	leur orange
mask. + fem. plural les			
je mange	mes sandwiches	nous mangeons	nos sandwiches
tu manges	tes sandwiches	vous mangez	vos sandwiches
il mange	ses sandwiches	ils mangent	leurs sandwiches
elle mange	ses sandwiches	elles mangent	leurs sandwiches

Vor weiblichen Substantiven, die mit Vokal oder stummem h anfangen, steht *mon* anstelle von *ma: une écharpe – mon écharpe.*

2. Verwendung: Das adjektivische Possessivpronomen gleicht sich in Geschlecht und Zahl dem Substantiv an, auf das es sich bezieht.

Dies gilt – abweichend vom Deutschen und Englischen – auch für die 3. Person. Vergleichen Sie:

Er sucht seine Schwester. | He is looking for his sister.

Il cherche sa sœur.

Hélène ißt ihren Nachtisch. | Helen eats her dessert.

Hélène mange son dessert.

B. Fehlerquellen

Beachten Sie:

1. ma, ta, sa werden vor weiblichen Substantiven, die mit Vokal oder stummem h beginnen, **nicht** apostrophiert:

ma + adresse ⟶ mon adresse
ta + adresse ⟶ ton adresse
sa + adresse ⟶ son adresse

2. in der 3. Person wird das adjektivische Possessivpronomen nicht an das Geschlecht des Besitzers, sondern an das Geschlecht des nachfolgenden Substantivs angeglichen: *Mme Colotte enfile son manteau.*

3. Beim Sprechen hört man keinen Unterschied zwischen *leur* und *leurs*. Achten Sie beim Schreiben auf Singular- und Pluralform: *C'est la famille Colotte avec* **leur** *fils Pierre. C'est la famille Legrange avec* **leurs** *fils André et Robert.*

C. Wortschatz

Wortfeld: Körperteile – *Les parties du corps*

le corps	der Körper	le nez	die Nase
le cou	der Hals	le visage	das Gesicht
le bras	der Arm	la tête	der Kopf
le pied	der Fuß	une oreille	ein Ohr
le cheveu	das Haar	la bouche	der Mund
les cheveux			

un œil [œj] (les yeux)	ein Auge
blond, e	blond
rond, e	rund
pointu, e	spitz
la (!) dent	der (!) Zahn
la main	die Hand
la jambe	das Bein
le docteur	der Arzt
Montre-moi ...	Zeig mir ...!
avoir mal à	Schmerzen haben an ...

D. Übungen

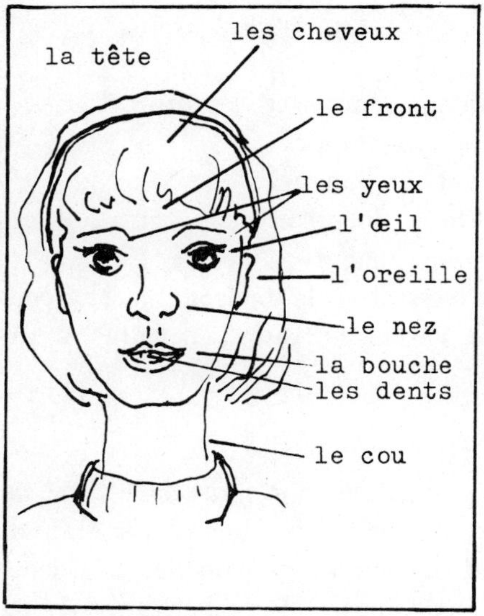

1. Setzen Sie die Possessivpronomen ein:

1. Voilà Hélène:

Sa
1. ... tête est ronde.
2. ... cheveux sont blonds.
3. ... oreilles sont petites.
4. ... nez est pointu.
5. ... cou est court.
6. ... jambes sont courtes.
7. ... dents sont blanches.
8. ... visage est rond.

2. Hélène schreibt ihrem Brieffreund, wie sie aussieht:

Ma
1. ... tête est ronde.
2. ... cheveux sont blonds.
3. (Verwenden Sie Sätze aus Übung 1.)

2. Chez le docteur – Beim Arzt

Bilden Sie 5 Aussage- und Befehlssätze nach folgendem Muster:

Pierre: J'ai mal à la jambe. Le docteur: »Montre-moi ta jambe!«

Verwenden Sie: J'ai mal au cou, au bras, aux oreilles, aux dents, à la main.

3. Ergänzen Sie die Sätze mit dem entsprechenden Possessivpronomen:

1. J'ai une bicyclette. ... bicyclette est verte. – 2. Nous avons une voiture. ... voiture est jaune. – 3. Les enfants ont un chien. (Hund) ... chien est petit. – 4. Vous avez une maison? Où est ... maison? – 5. Ils ont deux enfants. ... enfants sont au lycée. – 6. Est-ce que vous emmenez ... enfants à Reims? – 7. Pierre et Robert ne mangent pas ... desserts. – 8. Vous sortez? N'oubliez pas ... imperméables. – 9. Est-ce que tu invites ... amis? – 10. Nous avons deux chambres à l'hôtel. ... chambres sont très tranquilles (ruhig). – 11. Hélène envoie un télégramme à ... parents. – 12. Epelez ... nom, madame. – 13. Les Colotte parlent de ... vacances (Ferien, Urlaub). – 14. Elle a un beau costume. ... costume est brun. – 15. Il cherche ... voiture. – 16. M. Colotte est là, mais où est ... femme? – 17. Marie attend ... père. – 18. Est-ce qu'ils vendent ... maison?

4. Ergänzen Sie:

1. *ma* oder *mon*: Voilà une photo de ... maison et ... adresse.
ta oder *ton:* Voilà ... lettre et ... enveloppe.
sa oder *son:* Il mange ... orange et ... banane.
2. *leur* oder *leurs:* La famille Colotte a une maison. ... maison est belle, ... pièces sont grandes.
Pierre et Hélène restent à la maison. ... parents sortent. ... père va au bureau, ... mère va au marché (Markt).

5. Übersetzen Sie:

1. Wo sind eure Großeltern? – 2. Unsere Bücher sind nicht da. – 3. Seine Haare sind braun. – 4. Ihre Haare sind blond. – 5. Hier ist Ihr Mantel. – 6. Hier sind eure Mäntel. – 7. Ist das ein Photo von deiner Freundin? – 8. Ist das ein Photo von deinem Haus? – 9. Seine Schwester ist blond. – 10. Wo sind unsere Zimmer? – 11. Eure Freunde sind nicht da. – 12. Ihr Gesicht ist rund. – 13. Wir schicken unserem Onkel eine Postkarte. – 14. Er sucht seinen Bleistift. – 15. Ich finde meine Krawatte nicht. – 16. Er betrachtet sein Bild. – 17. Ihr Kleid ist zu lang. – 18. Essen Sie Ihren Nachtisch? – 19. Ist dies Ihr Auto?

II. Das adjektivische Demonstrativpronomen – Das hinweisende Fürwort – L'adjectif démonstratif

A. Grammatik

Form:

Singular	Maskulinum	ce manteau – dieser Mantel cet imperméable – dieser Regenmantel
	Femininum	cette banane – diese Banane cette orange – diese Orange
Plural	Maskulinum und Femininum	ces manteaux, ces imperméables, ces bananes, ces oranges

Anmerkung: In der Umgangssprache verwendet man häufig Demonstrativpronomen + Substantiv + -là (hier, da):
ce garçon-là; cet hôtel-là; ces fruits-là sont chers.

B. Fehlerquelle

1. In der Aussprache hört man keinen Unterschied zwischen cette (Femininum Singular) und cet (Maskulinum Singular) vor vokalischen oder mit stummem h beginnenden Substantiven:

cette [sɛt] dame – **cet** [sɛt] imperméable
cet [sɛt] hôtel

2. Achten Sie auf die Apostrophierungen:

ce + est → c'est   ce + ne + est + pas → ce n'est pas

C. Wortschatz

Wortfeld: Ländernamen / Länderadjektive – *Les noms de pays et leurs adjectifs*

l'Allemagne (f)	Deutschland	allemand, -e	deutsch
la France	Frankreich	français, -e	französisch
l'Espagne (f)	Spanien	espagnol, -e	spanisch

l'Angleterre (f)	England	anglais, -e	englisch
l'Italie (f)	Italien	italien, -ne	italienisch
la (!) Hollande	Holland	hollandais, -e	holländisch
les Pays-Bas (m)	die Niederlande	néerlandais, -e	niederländisch
l'Amérique (f)	Amerika	américain, -e	amerikanisch
les Etats-Unis (m)	Die Vereinigten Staaten		
la Russie	Rußland	russe	russisch
les gens	die Leute		

Anmerkung: 1. Länderadjektive werden nur dann groß geschrieben, wenn sie sich auf Personen beziehen: *un Anglais* – ein Engländer, aber: *un journal anglais* – eine englische Zeitung.

2. Abkürzungen: la RFA = la République Fédérale d'Allemagne (BRD); la RDA = la République Démocratique d'Allemagne (DDR); L'URSS = l'Union des Républiques Socialistes Soviétiques (UdSSR).

D. Übungen

1. Setzen Sie die entsprechende Form des Demonstrativpronomens ein:

1. ... vin est bon. – 2. Où sont ... touristes américains? – 3. ... dame est russe. – 4. Est-ce que vous êtes à ... hôtel? – 5. Mangez ... pomme, elle est bonne. – 6. ... est une voiture italienne. – 7. ... orange est pour Pierre. – 8. ... imperméable est trop cher. – 9. Est-ce que vous aimez ... fromage hollandais? – 10. ... gens-là, ... sont des Espagnols. – 11. Où est ... restaurant? – 12. ... cravates sont jolies.

2. Bilden Sie 4 Sätze nach folgendem Muster:

Ce n'est pas un Allemand, c'est un Français.

3. Übersetzen Sie:

1. Diese Italienerin spricht deutsch. – 2. Die Frau dieses Amerikaners ist Holländerin. – 3. Hier ist die Adresse dieses Spaniers. – 4. Dieser Italiener ist aus Venedig (Venise). – 5. Diese Zimmer sind für die deutschen Touristen. – 6. Dies ist keine französische Zeitung. – 7. Dieses Hotel ist nicht weit von der Stadt entfernt. – 8. Dieses amerikanische

Auto ist zu teuer. – 9. Diese russischen Studenten reisen ab. – 10. Mögen Sie diese italienischen Kleider? – 11. Dies ist nicht Peters Zimmer, dies ist Helenes Zimmer. – 12. Dieser Deutsche ist aus Berlin.

III. Das Fragepronomen »quel« – Fragefürwort – Le pronom interrogatif »quel«

A. Grammatik

Formen:

Singular	Maskulinum Femininum	quel garçon? – welcher Junge? quelle fille? – welches Mädchen?
Plural	Maskulinum Femininum	quels garçons? – welche Jungen? quelles filles? – welche Mädchen?

B. Fehlerquelle

Alle Formen von *»quel«* werden gleich ausgesprochen: [kɛl] Die verschiedenen Schreibweisen richten sich nach dem nachfolgenden Substantiv.

C. Wortschatz

Strukturen (Unregelmäßige Verben):

Lis-tu?	Liest du?	Prends-tu?	Nimmst du?
Lisez-vous?	Lest ihr? Lesen Sie?	Prenez-vous?	Nehmt ihr? Nehmen Sie?
Vois-tu?	Siehst du?		
Voyez-vous?	Sieht ihr? Sehen Sie?	De quelle couleur est ...	Welche Farbe hat ...

D. Übungen

1. Setzen Sie die entsprechende Form von *quel* ein:

1. ... revue regardes-tu? – 2. ... journaux lisez-vous? 3. ... fruit prends-tu? – 4. ... livre lis-tu? – 5. ... dessert prenez-vous? – 6. ...

filles voyez-vous? – 7. ... est votre nom? – 8. ... est votre adresse? – 9. ... gens vois-tu?

2. Übersetzen Sie:

1. Welchen Brief liest du? – 2. Welche Photos betrachtest du? – 3. Welche Stadt ist das? – 4. Welches ist euer Hotel? – 5. Welches Kleid trägt sie? – 6. Welche Jungen sehen Sie? – 7. Welche Freundinnen erwartet ihr? – 8. Welche Farbe hat Ihr Mantel? – 9. Welches Auto siehst du? – 10. Welcher Mann ist das?

ACHTE LEKTION

Pronomen (2)

I. Die Interrogativpronomen – Die Fragefürwörter – Les pronoms interrogatifs

A. Grammatik

1. Frage nach Personen:

a) Frage nach dem Subjekt (Nominativ):

Qui? Qui est-ce qui?	Wer?	Qui parle? Qui est-ce qui parle?	Wer spricht?

b) Frage nach dem direkten Objekt (Akkusativ):

Qui? Qui est-ce que?	Wen?	Qui regardes-tu? Qui est-ce que tu regardes?	Wen betrachtest du?

c) Frage nach dem indirekten Objekt (mit de und à):

A qui? A qui est-ce que?	Wem?	A qui montres-tu la photo? A qui est-ce que tu montres la photo? Wem zeigst du das Photo?
De qui? De qui est-ce que?	Von wem?	De qui parles-tu? De qui est-ce que tu parles? Von wem sprichst du?

---

2. Frage nach den Sachen:

a) Frage nach dem Subjekt:

Qu'est-ce qui?	Wer oder was?	Qu'est-ce qui arrive? Un taxi? Was kommt? Ein Taxi?

b) Frage nach dem direkten Objekt:

Que? Qu'est-ce que?	Wen oder was?	Que regardez-vous? Qu'est-ce que vous regardez? Was betrachtet ihr?

c) Frage nach dem indirekten Objekt:

A quoi?	Woran?	A quoi penses-tu?	Woran denkst du?
De quoi?	Wovon?	De quoi parles-tu?	Wovon sprichst du?

Anmerkung: Fragen mit *est-ce que* sind in der Umgangssprache häufiger.

B. Fehlerquellen

1. Bei Fragen nach dem Subjekt (Personen oder Sachen) steht das Verb immer im Singular:
   Qui est-ce qui arrive? Les garçons? – Oui, ils arrivent.
   Qui arrive? Les Américains? – Oui, ils arrivent.
2. Bei Fragen, die mit *est-ce que* gebildet werden, folgt ein Aussagesatz, da *est-ce que* bereits die Frage enthält:
   Jean parle de M. Leferre. – De qui est-ce que Jean parle?
   aber: *De qui parle Jean?*

C. Wortschatz

1. Wortfeld: die Wohnung – *L'appartement*

le couloir	der Flur	la pièce	das Zimmer
le rez-de-chaussée	das Erdgeschoß	la chambre	das Schlafzimmer
un étage	ein Stockwerk	la cuisine	die Küche
un escalier	eine Treppe	la salle de bains	das Badezimmer
le balcon	der Balkon	la salle de séjour	das Wohnzimmer
frapper	klopfen	la clé [kle]	der Schlüssel
sonner	klingeln, läuten	entrer	eintreten
		travailler	arbeiten
		habiter	(be)wohnen

2. Strukturen:

A qui est ...?	Wem gehört?	A qui parles-tu?
A quoi sert ...?	Wozu dient?	Mit wem sprichst du?

D. Übungen

1. Setzen Sie die Fragefürwörter ein:

1. ... frappe à la porte? – 2. ... manges-tu? – 3. ... sonne? – 4. ... habite cet appartement? – 5. A ... est cette pièce? – 6. A ... sert cette clé? – 7. ... fait-il? – 8. ... lis-tu? – 9. ... donnes-tu à ton ami? – 10. ... monte l'escalier?

2. Wie lauten die folgenden Fragen ohne *est-ce que*?:

Beispiel: A qui est-ce qu'elle montre la cuisine?
A qui montre-t-elle la cuisine?
..........................?

1. A qui est-ce qu'il donne la clé? – 2. De qui est-ce qu'il parle? – 3. Qu'est-ce qu'il fait? – 4. Qui est-ce que tu invites? – 5. Qu'est-ce qu'elle prépare à la cuisine? – 6. A qui est-ce que vous envoyez un télégramme? – 7. Qui est-ce que vous voyez sur le balcon? – 8. Qu'est-ce que tu cherches à la cuisine?

3. Ihr Gesprächspartner verwendet Wörter, die Sie nicht verstehen (**x**). Wie fragen Sie nach diesen Wörtern?

Beispiel: Pierre mange une **x**. – Que mange Pierre? oder: Qu'est-ce que Pierre mange?

1. Cette Renault est à **x**. – 2. **x** est dans la salle de séjour. – 3. Elle prépare le **x** à la cuisine. – 4. Je donne la clé à **x**. – 5. Je montre l'appartement à **x**. – 6. Il possède une **x**. – 7. Je parle de M. **x**. – 8. Je pense à la **x**. – 9. Mme **x** travaille dans un hôtel. – 10. Il regarde Mlle **x**. – 11. Elle achète des **x**. – 12. La clé sert à **x**. – 13. Elle sort avec M. **x**. – 14. Je ne trouve pas mon **x**.

4. Stellen Sie je eine Frage nach den unterstrichenen Satzteilen:

1. Les enfants envoient une carte postale à leur oncle.
2. M. Colotte parle de son appartement à ses amis.
3. Jeanne porte la robe de sa mère.
4. Hélène mange les sandwiches de son frère.

5. Übersetzen Sie:

1. Wem gibst du das Buch? – 2. Wozu dient dieses Messer? – 3. An was denkst du? – 4. An wen denkst du? – 5. Wem gehört dieses Haus? –

6. Was eßt ihr? – 7. Wer klingelt? – 8. Wen nimmt er nach Bordeaux mit? – 9. Von wem sprechen Sie? – 10. Wem gehört dieser Schlüssel? – 11. Mit wem geht ihr aus? – 12. Wem zeigst du die Wohnung? – 13. Was kauft sie? – 14. Wem gibst du das Geld? – 15. Was schickt ihr euren Freunden? – 16. Was liest du? – 17. Wer ist im Badezimmer? – 18. Was macht er im Flur? – 19. Wozu dienen diese kleinen Gabeln? – 20. Wer wohnt im (au) Erdgeschoß?

II. Weitere Fragewörter

a) Fragen nach der Zeit:

Quand? Quand est-ce que?	Wann?	Quand arrive ta sœur? Quand est-ce que ta sœur arrive? Wann kommt deine Schwester an?

b) Fragen nach dem Ort:

Où? Où est-ce que?	Wo?	Où habitez-vous? Où est-ce que vous habitez? Wo wohnen Sie?

c) Fragen nach dem Grund:

Pourquoi? Pourquoi est-ce que?	Warum?	Pourquoi partez-vous? Pourquoi est-ce que vous partez? Warum reist ihr ab?

D. Übungen

1. Formen Sie die Aussagesätze in Fragesätze um:

a) Fragen nach der Zeit mit *quand* und *quand est-ce que*:

1. Vous arrivez à Strasbourg. – 2. Tu manges au restaurant. – 3. Ils achètent une voiture. – 4. Elle nettoie sa chambre. – 5. Vous envoyez un paquet à votre ami. – 6. Il emmène Pierre à Paris. – 7. Tu achètes une robe. – 8. Tu finis ton travail. – 9. Vous partez. – 10. Vous êtes à la maison.

b) Fragen nach dem Ort mit *où* und *où est-ce que*:

1. Il travaille. – 2. Vous achetez du fromage. – 3. Nous montons. – 4. Tu portes la lettre. – 5. Elle étudie l'allemand. – 6. Il arrête un taxi. – 7. Tu vois un restaurant. – 8. Vous cherchez un appartement. – 9. Ils achètent une maison. – 10. Nous dormons.

c) Fragen nach dem Grund mit *pourquoi* und *pourquoi est-ce que*:

1. Il est dans sa chambre. – 2. Tu frappes à la porte. – 3. Vous ne montez pas. – 4. Il ne mange pas sa soupe. – 5. Il porte une cravate. – 6. Vous achetez des timbres. – 7. Vous regardez la photo. – 8. Tu appelles le garçon. – 9. Vous choisissez un costume noir. – 10. Tu fermes la porte du couloir.

2. Übersetzen Sie:

1. Wo wohnen Sie? – 2. Wann reisen Sie ab? – 3. Warum arbeitet er so (si) lange? – 4. Wo kaufen Sie diesen guten Wein? – 5. Warum liest du dieses Buch? – 6. Wo siehst du einen Bus? – 7. Warum eßt ihr in diesem Restaurant? – 8. Wann kommt dein Onkel an? – 9. Warum ist er krank (malade)? – 10. Warum lernst du holländisch? – 11. Wann suchst du den Schlüssel? – 12. Warum nehmt ihr Helene mit? – 13. Wann wiederholt ihr die Wörter? – 14. Wo erwartet ihr euren Freund? – 15. Wann geht ihr die Treppe hinunter? – 16. Warum verkaufen Sie Ihr Haus? – 17. Wo kommt er an? – 18. Warum sprichst du nicht Französisch? – 19. Wo klingelst du? – 20. Warum schließt er das Fenster?

III. Das indefinite Pronomen »tout« – Das unbestimmte Fürwort »tout« – Le pronom indéfini »tout«

A. Grammatik

Singular	Maskulinum Femininum	tout le costume – der ganze Anzug toute la ville – die ganze Stadt
Plural	Maskulinum Femininum	tous les costumes – alle Anzüge toutes les villes – alle Städte

Die verschiedenen Formen von *tout* stehen auch

a) vor dem Demonstrativpronomen *ce* (*cet, cette, ces*) und
b) vor dem Possessivpronomen *mon, ma, mes; (ton, ta, tes;* etc.)

a) *tout ce costume* – dieser ganze Anzug;
toutes ces maisons – alle diese Häuser
b) *tout mon argent* – mein ganzes Geld
tous ses livres – alle seine Bücher

B. Fehlerquellen

1. Abweichend vom Deutschen stehen die Singularformen tout, toute **vor** dem Artikel und den unter a) und b) genannten Pronomen.
2. In der Aussprache hört man keinen Unterschied zwischen *tout – tous* bzw. *toute – toutes.* Achten Sie also beim Schreiben darauf, ob das nachfolgende Substantiv im Singular oder Plural steht.

C. Wortschatz

1. Wortfeld: die Zeit, die Dauer – le temps, la durée

le jour	der Tag (Zeitangabe)
le matin	der Morgen
le soir	der Abend (Zeitangabe)
le mois	der Monat
un an	ein Jahr (Zeitangabe)
le moment	der Augenblick

après-midi kann männlich und weiblich verwendet werden:

un après-midi une après-midi	der Nachmittag

la journée	der Tag (Ablauf des Tages vom Morgen bis zum Abend)
la matinée	der Vormittag
la soirée	der Abend (Ablauf)
la nuit	die Nacht
la semaine	die Woche
une année	ein Jahr (Ablauf)
une heure	eine Stunde
la minute	die Minute
la seconde	die Sekunde

2. Strukturen:

tous les 2 mois	alle 2 Monate	C'est tout.	Das ist alles.
toutes les 3 heures	alle 3 Stunden		
tous les 5 ans	alle 5 Jahre		
etc.	usw.		

D. Übungen

1. Setzen Sie die entsprechenden Formen von *tout* ein:

a) Il travaille ... les soirs.
... l'année.
... les nuits.
... le matin.
... l'après-midi.

b) Voilà ... mon argent.
... ses livres.
... vos photos.
... la bouteille.
... ces journaux.

2. Welches der angegebenen Substantive paßt in die Lücke?

a) Pierre mange toute ... (les oranges, le fromage, les bananes, la soupe).
Pierre mange toutes ... (les sandwiches, les bananes, les croissants).
b) Il téléphone tous ... (les 3 semaines, les 3 heures, les 3 jours).
Tout ... (la journée, le matin, la nuit).

3. Setzen Sie die entsprechenden Formen von *tout* und dem bestimmten Artikel ein:

a) Il dort ...... nuit.
...... soirs.
...... journée.

b) Il est à Paris
...... année.
...... 2 semaines.
...... après-midi.

4. Übersetzen Sie:

1. Ich esse alles. – 2. Ist das alles? – 3. Das Telefon (Le téléphone) klingelt alle 5 Minuten. – 4. Wir sind den ganzen Nachmittag bei (chez) meiner Tante. – 5. Er sieht alles. – 6. Warum schläfst du den ganzen Tag? – 7. Alle diese Anzüge sind sehr teuer. – 8. Er erzählt von seiner Arbeit den ganzen Abend. – 9. Wo sind alle deine Freundinnen? – 10.

Sie betrachtet alle Photos. – 11. Ich bin alle zwei Monate in Straßburg. – 12. Ich bin den ganzen Monat in Straßburg. – 13. Arbeitet er die ganze Woche? – 14. Ißt du meinen ganzen Nachtisch? – 15. Er ißt im (au) Restaurant das ganze Jahr (über). – 16. Wo ist das ganze Geld?

NEUNTE LEKTION

Pronomen (3)

Fürwörter – Pronoms

I. Das Reflexivpronomen – Das rückbezügliche Fürwort – Le pronom réfléchi

A. Grammatik

Formen:

a) je me lave tu te laves il se lave elle se lave	nous nous lavons Ich wasche mich vous vous lavez Du wäscht dich, usw. ... ils se lavent elles se lavent
b) je m'appelle tu t'appelles il s'appelle elle s'appelle	Wenn das nachfolgende Verb mit Vokal oder stummem h beginnt, werden die Reflexivpronomen apostrophiert: *me* → *m'*; *te* → *t'*; *se* → *s'*
c) je ne me lave pas tu ne te laves pas il ne se lave pas elle ne se lave pas	nous ne nous lavons pas vous ne vous lavez pas ils ne se lavent pas elles ne se lavent pas

Bei der Verneinung umschließen *ne ... pas* das Pronomen und das Verb.

B. Fehlerquellen

Abweichend vom Deutschen steht das Reflexivpronomen vor dem Verb: *Il se lave* – er wäscht sich;
nous ne nous lavons pas – wir waschen uns nicht;
vous lavez-vous? – wascht ihr euch?

(Ausnahme: bejahte Befehlsform)

C. Wortschatz

Wortfeld: Aufstehen – *se lever*

s'éveiller	aufwachen	la serviette de	das Handtuch
se raser	sich rasieren	toilette	
s'essuyer	sich abtrocknen	de bonne heure	früh
se peigner	sich kämmen	tard	spät
s'habiller	sich anziehen	la glace	der Spiegel
se dépêcher	sich beeilen	l'eau chaude	das heiße
se regarder	sich betrachten	froide	kalte Wasser

D. Übungen

1. Ergänzen Sie die Reflexivpronomen:

1. Ils ne ... éveillent pas. – 2. ... rases-tu? – 3. Les filles ... dépêchent. – 4. Vous ... essuyez avec ma serviette de toilette? – 5. Quand est-ce que tu ... habilles? – Je ... habille maintenant. – 6. Il est tard, il ... dépêche.

2. Ergänzen Sie die Sätze (Verneinungen):

1. Est-ce qu'elle s'éveille de bonne heure? – Non, elle ne ...
2. Est-ce que tu te peignes à la cuisine? – Non, je ne ...
3. Est-ce qu'il se regarde dans la glace? – Non, il ne ...
4. Est-ce que vous vous habillez pour sortir? – Non, nous ne ...
5. Est-ce que les enfants se lavent avec de l'eau chaude? – Non, ils ne ...
6. Est-ce que tu te rases avec de l'eau froide? – Non, je ne ...

3. Bilden Sie Fragen aus den vorgegebenen Satzteilen:

Beispiel: elle / s'éveiller / tard. S'éveille-t-elle tard?

1. Il / s'habiller / dans la chambre. – 2. Vous / se dépêcher. – 3. A quelle heure / vous / se lever? – 4. Comment / vous / s'appeler? – 5. Comment / tu / s'appeler? – 6. Avec quoi / nous / s'essuyer?

4. Formen Sie die Aussagesätze in verneinte Fragesätze um:

Beispiel: Tu te lèves. – Ne te lèves-tu pas?

1. Vous vous rasez. – 2. Elles s'habillent. – 3. Tu te peignes. – 4. Ils se dépêchent. – 5. Vous vous essuyez. – 6. Elle s'éveille.

5. Übersetzen Sie:

1. Wie heißen Sie? – Wie heißt dieser Herr dort? – 3. Um wieviel Uhr steht ihr auf? – 4. Rasierst du dich mit kaltem Wasser? – 5. Ich wache immer früh auf. – 6. Warum kämmst du dich nicht? – 7. Sie waschen sich nicht mit warmem Wasser. – 8. Sie betrachtet sich im Spiegel. – 9. Er ist im Badezimmer, er kämmt sich. – 10. Warum trocknest du dich mit meinem Handtuch ab? – 11. Warum ziehst du dich nicht an? – 12. Er beeilt sich, weil das Wasser kalt ist.

II. Die indirekten und direkten Objektpronomen der 1. und 2. Person

– Die Personalpronomen im 3. und 4. Fall (1. und 2. Person) – Les pronoms d'objet

A. Grammatik

1. Übersicht:

Singular:	1. Person:	mir / mich	**me**	indir. Objektpronomen (Wem?) / dir. Objektpronomen (Wen?)
	2. Person:	dir / dich	**te**	indir. Objektpronomen (Wem?) / dir. Objektpronomen (Wen?)
Plural:	1. Person:	uns	**nous**	
	2. Person:	euch	**vous**	

2. Beispiele:

Er gibt mir das Buch.	*Il me donne le livre.*
Er sucht mich.	*Il me cherche.*
Er zeigt dir den Brief.	*Il te montre la lettre.*
Er liebt dich.	*Il t'aime.*
Er bedient uns.	*Il nous sert.*
Er bringt euch den Wein.	*Il vous apporte le vin.*

3. Anmerkungen:

1. Im Singular der 1. und 2. Person hat das Französische – abweichend vom Deutschen – nur je ein Objektpronomen: *me, te.*
2. Verneinung: *Il ne me donne pas le livre.*

4. Zusammenfassung:

1. und 2. Person der Reflexiv- und Objektpronomen:

		Reflexivpronomen	Objektpronomen
Singular	1. Person 2. Person	Je me lave. Tu te laves.	Il me cherche. Il te cherche.
Plural	1. Person 2. Person	Nous nous lavons. Vous vous lavez.	Il nous cherche. Il vous cherche.

B. Übungen

1. Setzen Sie das fehlende Objektpronomen ein:

1. Nous sommes au restaurant. Le garçon ... apporte le menu. – 2. Où êtes-vous? Je ... cherche. – 3. Tu as faim? Je ... apporte quelque chose à manger. – 4. Au téléphone: Allô, Jean, je ... invite ce soir.

2. Verneinen Sie folgende Sätze:

1. Il vous attend à la porte. – 2. Elle m'envoie une carte postale. – 3. Elle nous montre ses photos. – 4. Le monsieur vous regarde. – 5. Il t'aime. – 6. Il me demande.

3. Bilden Sie Fragesätze (ohne *est-ce que*):

1. Tu me donnes l'argent. – 2. Elle vous attend à l'hôtel. – 3. Vous nous envoyez les photos. – 4. Tu nous invites cet après-midi. – 5. Il vous quitte. – 6. Vous me cherchez. – 7. Vous nous apportez le thé.

4. Übersetzen Sie:

1. Er zeigt uns seine Bilder. – 2. Um wieviel Uhr erwartest du uns? – 3. Er lädt dich ein. – 4. Er korrigiert mich nicht. – 5. Warum verlassen Sie uns? – 6. Bringst du mir die Zeitungen? – 7. Ich suche dich (schon)

den ganzen Tag. – 8. Wir laden euch zu (pour) einer Tasse Kaffee ein. – 9. Hört ihr uns? – 10. Warum wartest du nicht auf uns? – 11. Ich bringe euch heißen Tee. – 12. Zeigt ihr uns das Haus? – 13. Gibst du mir das Buch? – 14. Er erwartet dich vor (devant) dem Haus.

III. Die direkten und indirekten Objektpronomen der 3. Person – Die Personalpronomen im 3. und 4. Fall – Les pronoms d'objet

A. Grammatik

1. Das direkte Objektpronomen

Vorbemerkung: In der Mehrzahl der Fälle können Sie das direkte Objekt erkennen, wenn Sie die Frage »wen oder was« stellen:
Ich suche ihn. ⟷ Wen?

a) Singular maskulin	feminin
Je cherche **le garçon.**	Je cherche **la fille.**
↓	↓
Je **le** cherche.	Je **la** cherche.
b) Plural maskulin	feminin
Je cherche **les garçons.**	Je cherche **les filles.**
↓	↓
Je **les** cherche.	Je **les** cherche

2. Das indirekte Objektpronomen:

Vorbemerkung: Das indirekte Objektpronomen erkennen Sie zumeist, wenn Sie die Frage »wem oder was« stellen:
Ich zeige ihm das Haus. ⟷ Wem?

a) Singular maskulin	feminin
Je montre la maison **au garçon.**	Je montre la maison à **la fille.**
↓	↓
Je **lui** montre la maison.	Je **lui** montre la maison

b) Plural

Je montre la maison **aux garçons.**
↓
Je **leur** montre la maison.

Je montre la maison **aux filles.**
↓
Je **leur** montre la maison.

3. Zusammenfassung: die 3. Person des direkten und indirekten Objektpronomens

		Direktes Objektpronomen	Indirektes Objektpronomen
Singular	maskulin feminin	Je **le** regarde. Je **la** regarde.	Je **lui** montre la photo.
Plural	maskulin feminin	Je **les** regarde.	Je **leur** montre la photo.

B. Fehlerquelle

Achten Sie auf die unterschiedliche Schreibung von **leur – leurs:**
Je leur donne de l'argent. (Indirektes Objektpronomen: ihnen)
Je regarde leurs photos. (Possessivpronomen: ihre)

C. Wortschatz

Wortfeld: Eine Stadt besichtigen – *Visiter une ville*

la bâtiment	das Gebäude
le musée	das Museum
le souvenir	das Andenken
le plan de la ville	der Stadtplan
le guide	1. der Fremdenführer 2. der Reiseführer (das Buch)

la cathédrale	die Kathedrale
une église	eine Kirche
la place	der Platz
la rue	die Straße
la tour	der Turm
la maison	das Haus
la diapositive	das Dia
le sac (à main)	die Handtasche
un agent de police	ein Polizist

admirer	bewundern	répondre à qn	jdm. antworten
trouver	finden	parler à qn	mit jdm. sprechen
		demander à qn	jdn. (!) fragen
		laisser à	jdm. überlassen
		expliquer à	jdm. erklären

D. Übungen

1. Die indirekten Objektpronomen (3. Person)

a) Ersetzen Sie die unterstrichenen Satzteile durch ein indirektes Objektpronomen:

1. Le guide montre l'église <u>aux touristes.</u> – 2. Jean laisse le plan de la ville <u>à son ami.</u> – 3. L'agent de police répond <u>à la dame.</u> – 4. Il envoie un souvenir <u>à ses parents.</u> – 5. Il montre la tour <u>à Hélène.</u> – 6. Est-ce qu'il demande <u>à l'agent de police?</u> – 7. Le guide répond <u>aux garçons.</u> – 8. Il donne les diapositives <u>à sa femme.</u> – 9. Elle parle <u>au guide.</u> – 10. Il montre la cathédrale <u>aux étudiants.</u>

b) Ergänzen Sie die Sätze mit einem indirekten Personalpronomen:

1. Les touristes admirent l'église. Le guide ... explique tout.
2. Hélène n'a pas de guide. Jean ... laisse son guide.
3. Robert pose une question à une dame. Elle ... répond.
4. Jean ne trouve pas son argent. Nicole ... donne 20 francs.
5. Les garçons cherchent le musée. Un agent de police ... montre le musée.
6. Les touristes anglais ne parlent pas français. Le guide ... parle en anglais.

c) Übersetzen Sie:

1. Was erklärt er ihm? – 2. Er antwortet ihr nicht. – 3. Der Polizist spricht mit ihnen. – 4. Zeigt ihr ihm die Kathedrale? – 5. Der Polizist gibt ihr ihre Handtasche. – 6. Ich frage ihn. – 7. Wir schicken ihnen die Diapositive. – 8. Sie überläßt ihm seinen Führer. – 9. Er zeigt ihr die Straße. – 10. Der Führer antwortet ihnen.

2. Die direkten Objektpronomen (3. Person)

a) Ersetzen Sie die unterstrichenen Satzteile durch ein direktes Objektpronomen:

1. Ils admirent la place. – 2. Elle regarde les bâtiments. – 3. Je ne trouve pas la maison. – 4. Ils regardent les diapositives. – 5. Les touristes attendent le guide. – 6. Il envoie les photos à son ami. – 7. Est-ce que vous aimez cette photo? – 8. Il n'achète pas le souvenir. – 9. Tu ne trouves pas la place sur le plan de la ville? – 10. Vous cherchez votre sac à main?

b) Ergänzen Sie die Sätze mit einem direkten Objektpronomen:

1. Ils cherchent le musée, mais ils ne ... trouvent pas.
2. Elle admire cette place, elle ... aime beaucoup.
3. Ce bâtiment-là est très intéressant, les touristes ... regardent longtemps.
4. Le guide montre la tour de la cathédrale. Jean et Robert ... admirent.
5. Hélène n'est pas là. Pierre ... appelle.
6. Le sac à main est lourd. Nicole ... donne à Robert.

c) Übersetzen Sie

1. Die Studenten suchen den Platz. Sie suchen ihn auf dem Stadtplan, aber sie finden ihn nicht. – 2. Hélène bringt belegte Brote, sie trägt sie in ihrer Tasche. – 3. Die Diapositive sind teuer, Robert kauft sie nicht. – 4. Die Kirche ist sehr klein, du findest sie nicht ohne Stadtplan. – 5. Das Gebäude ist sehr schön, die Touristen betrachten es lange. – 6. Jeannette hat deinen Reiseführer, sie trägt ihn in ihrer Tasche. – 7. Der Führer ist noch nicht da, sie warten auf ihn vor der Kirche. – 8. Gefallen dir diese Andenken? Kaufst du sie? – 9. Die belegten Brote sind gut. Warum ißt du sie nicht? – 10. Wo sind die Türme? Ich sehe sie nicht.

3. Direkte oder indirekte Objektpronomen (3. Person):

a) Ersetzen Sie die unterstrichenen Satzteile durch das passende Objektpronomen:

1. Pourquoi n'invitez-vous pas vos amis? – 2. Que montres-tu à ton ami? – 3. Nous n'attendons pas d'amis. – 4. Est-ce qu'ils demandent cette question à papa? – 5. Mangez-vous les pommes? – 6. Ecoutent-ils la musique? – 7. Il explique le problème aux élèves. – 8. Pierre envoie une carte postale à ses parents. – 9. Il laisse le chocolat à la jeune fille. – 10. Il laisse le chocolat à la jeune fille. – 11. Il ne donne pas l'argent

à sa sœur. – 12. Il ne donne pas l'argent à sa sœur. – 13. Ils visitent le musée et la cathédrale. – 14. Pourquoi ne répondez-vous pas à l'agent de police? – 15. Ils montrent les photos à leurs parents. – 16. Ils montrent les photos à leurs parents. – 17. Je ne trouve pas mes gants. – 18. Ils parlent aux jeunes filles.

b) Vervollständigen Sie die verneinten Antworten. Verwenden Sie die passenden Objektpronomen:

1. Tu manges ton dessert? – Non, ... – 2. Tu parles à ton père? Non, ... – 3. Tu lis le journal? – Non, ... – 4. Tu regardes les photos? – Non, ... – 5. Tu montres les photos à Pierre? – Non, ... les photos. – 6. Tu donnes l'argent à Hélène? – Non, ... l'argent. – 7. Tu envoies une lettre à ton oncle? – Non, ... de lettre. – 8. Tu écoutes la radio? – Non, ... – 9. Vous donnez les livres à Henriette? – Non, ... les livres. – 10. Vous apportez les diapositives? – Non, ... – 11. Vous aimez cette ville? – Non, ... – 12. Vous demandez à l'agent de police? – Non, ... – 13. Vous parlez à vos amis? – Non, ... – 14. Vous attendez Pierre et Marie? – Non, ... – 15. Vous avez la lettre? – Non, ...

ZEHNTE LEKTION

I. **Der Plural der Substantive** (2) – Die Mehrzahl der Hauptwörter – Le pluriel des noms

A. Grammatik

1. Hauptwörter, die auf *-au*, *-eau*, *-eu*, und einige, die auf *-ou* enden, haben in der Mehrzahl ein **-x** (siehe Wortschatz).

a) le tuyau – les tuyaux (die Röhre)
b) le chapeau – les chapeaux (der Hut)
c) le jeu – les jeux (das Spiel)
d) le genou – les genoux (das Knie)

2. Hauptwörter, die auf *-al* und *-ail* enden, haben in der Mehrzahl **-aux**.

a) le cheval – les chevaux (das Pferd)
b) le travail – les travaux (die Arbeit)

3. Besondere Mehrzahlformen:

a) monsieur – messieurs; madame – mesdames; mademoiselle – mesdemoiselles
b) l'œil [lœj], – les yeux [lezjø] (das Auge)

4. Zusammengesetzte Hauptwörter:

1. Wenn zwei Substantive oder ein Substantiv und ein Adjektiv zusammengesetzt sind, erhalten beide Teile das Plural -s:

a) le wagon-lit – les wagons-lits (Schlafwagen)
Ausnahme: les timbres-poste (Briefmarken)
b) le grand-père – les grands-pères (Großvater)
c) Zusammensetzungen mit Verben erhalten zumeist kein Plural -s:

B. Fehlerquelle

! Zu den in A 1. mit 4. angeführten Regeln gibt es zahlreiche Ausnahmen (Sie finden sie in Teil C).

C. Wortschatz

Beispiele und Ausnahmen zur besonderen Pluralbildung der Substantive:

zu 1. b)

le bateau – les bateaux Boot
le château – les châteaux Schloß
l'eau – les eaux Wasser
le gâteau – les gâteaux Kuchen
le plateau – les plateaux Tablett

zu 1. c)

le cheveu – les cheveux Haar
le feu – les feux Feuer
le neveu – les neveux Neffe

aber: le pneu – *les pneus* Reifen

zu 1. d)

le bijou – les bijoux Schmuckstück
le caillou – les cailloux Kieselstein
le chou – les choux Kohl
le joujou – les joujoux Spielzeug
le hibou – les hiboux Eule

aber: le clou – *les clous* Nagel
le fou – *les fous* Narr
le trou – *les trous* Loch

zu 2. a)

l'animal – les animaux Tiere
le canal – les canaux Kanal
l'idéal – les idéaux Ideal
le métal – les métaux Metall

aber: le bal – *les bals* Tanz, Ball
le carnaval – *les carnavals* Karneval
le festival – *les festivals* Festival

zu 2. b)

le vitrail – les vitraux	Kirchenfenster
aber: le détail – *les détails*	Einzelheit

zu 4. c)

le gratte-ciel – les gratte-ciel	Wolkenkratzer
le porte-monnaie – les porte-monnaie	Geldbörse
aber: le tire-bouchon – *les tire-bouchons*	Korkenzieher

D. Übungen

1. Setzen Sie in den Plural:

1. le feu – . . .; 2. le canal – . . .; 3. le détail – . . .; 4. le pneu – . . .; 5. le plateau – . . .; 6. le bal – . . .; 7. le gratte-ciel – . . .; 8. le clou – . . .; 9. le neveu – . . .; 10. le château – . . .; 11. le travail – . . .; 12. le bijou – . . .; 13. le porte-monnaie – . . .; 14. le festival – . . .; 15. le vitrail – . . .; 16. le métal – . . .; 17. le cheveu – . . .; 18. le trou – . . .; 19. le tire-bouchon – . . .; 20. l'animal – . . .; 21. le gâteau – . . .; 22. le joujou – . . .; 23. le fou – . . . .

2. Übersetzen Sie:

1. Die Gläser sind auf den Tabletts. – 2. Seine Haare sind blond. – 3. Sie betrachten die Kirchenfenster. – 4. Wo sind deine Neffen? – 5. Die Reifen sind teuer. – 6. Wie viele Schmuckstücke trägt sie? – 7. Die Kinder bringen ihre Spielsachen. – 8. Die Boote sind weiß. – 9. Sie besichtigen Schlösser in Frankreich. – 10. Wo sind die Nägel? – 11. Siehst du die Tiere? – 12. Die Geldbörsen sind leer (vide). – 13. Diese Metalle sind schwer. – 14. Betrachtet ihr die Wolkenkratzer? – 15. Die Kanäle sind zu eng für die Boote. – 16. Er erzählt mir alle Einzelheiten. – 17. Vergeßt eure Hüte nicht. – 18. Die Kinder lieben diese Spiele. – 19. Seht ihr die Pferde? – 20. Ich kaufe zwei Briefmarken. – 21. Der Zug hat zwei Schlafwagen. – 22. Helenes Augen sind grün. – 23. Meine Knie schmerzen. – 24. Guten Tag, meine Herren. – 25. Die Arbeiten dauern (durer) eine Woche.

II. **Das Adjektiv** (2) – Das Eigenschaftswort – L'adjectif qualificatif

A. Grammatik

1. Adjektive mit 2 Formen im Maskulin Singular vor vokalisch oder mit stummem h anlautenden Hauptwörtern:

a) **beau** (schön)

	Singular		Plural
Singular:	le beau château	Plural:	les beaux châteaux
	le *bel* appartement		les beaux appartements
	la belle maison		les belles maisons

b) **nouveau** (neu)

	Singular		Plural
Singular:	le nouveau professeur	Plural:	les nouveaux professeurs
	le *nouvel* élève		les nouveaux élèves
	la nouvelle étudiante		les nouvelles étudiantes

c) **vieux** (alt)

	Singular		Plural
Singular:	le vieux pantalon	Plural:	les vieux pantalons
	le *vieil* imperméable		les vieux imperméables
	la vieille jupe		les vieilles jupes

Anmerkung: Die Formen *bel, nouvel, vieil* werden nur dann verwendet, wenn das Adjektiv vor dem Substantiv steht: *un bel appartement;* aber: *L'appartement est beau.*

B. Fehlerquelle

Achten Sie beim Schreiben auf die gleichlautenden Formen *bel / belle / belles – nouvel / nouvelle / nouvelles – vieil / vieille / vieilles.*

C. Wortschatz

Wortfeld: die Arbeit – *le travail*

un ouvrier	ein Arbeiter	une ouvrière	eine Arbeiterin
un atelier	eine Werkstatt	une usine	eine Fabrik
un artisan	ein Handwerker	la place	die Stellung
un employeur	ein Arbeitgeber	la profession	der Beruf
un employé	ein Angestellter	la carrière	die Laufbahn
un emploi	eine Stellung	l'occupation	die Beschäftigung

D. Übungen

1. Setzen Sie die richtige Form des Adjektivs ein:

1. (beau) Il travaille dans un ... atelier. – 2. (nouveau) Elle a une ... occupation. – 3. (vieux) Le ... ouvrier ne travaille plus. – 4. (nouveau) Vois-tu la ... usine là-bas? – 5. (nouveau) Il commence une ... carrière. – 6. (beau) Mon cousin a un ... emploi chez (bei) Renault. – 7. (vieux) La ... ouvrière rentre de son travail. – 8. (nouveau) Le ... employé s'appelle Pierre Dupont. – 9. (nouveau) La ... usine est près de la ville. – 10. (vieux) Il travaille toujours dans sa ... profession. – 11. (nouveau) Les ouvriers cherchent une ... occupation. – 12. (vieux) C'est un ... artisan. – 13. (nouveau) Nous avons un ... employeur. – 14. (vieux) As-tu toujours ta ... place? – 15. (beau) Dans ce ... atelier, on (man) fait des bijoux. – 16. (vieux) L'ouvrier est un ... homme.

2. Setzen Sie die Sätze in den Plural:

1. Le vieil employé travaille beaucoup. – 2. Le nouvel appartement est cher. – 3. Le vieil homme ne trouve pas d'emploi. – 4. Le nouvel atelier est loin de la ville. – 5. Le nouvel élève arrive. – 6. La vieille usine n'a pas beaucoup de fenêtres. – 7. Ils regardent le bel appartement. – 8. Le vieil atelier est au centre de la ville. – 9. Voilà le nouvel employé. – 10. Il invite son vieil ami. – 11. Le vieil artisan travaille bien. – 12. Où est le nouvel ouvrier?

3. Formen Sie die Sätze nach folgendem Muster um:

C'est un bel appartement. – Cet appartement est beau.

1. C'est un vieil atelier. – 2. C'est un bel escalier. – 3. C'est un nouvel hôtel. – 4. C'est un bel homme. – 5. C'est un bel animal. – 6. C'est une vieille église. – 7. C'est un bel anorak. – 8. C'est un vieil imperméable. – 9. C'est un bel enfant.

4. Übersetzen Sie:

1. Peter arbeitet in einer sehr alten Werkstatt im Zentrum der Stadt. – 2. Das alte Haus hat eine neue Fassade (une façade). – 3. Hast du eine neue Beschäftigung? – 4. Er trägt seinen alten Anorak. – 5. Die alten

Arbeiter finden keine Stellung. – 6. Sie arbeitet in der neuen Fabrik. – 7. Die neue Treppe ist schön. – 8. Die neuen Wohnungen sind zu teuer. – 9. Er beginnt eine neue Laufbahn. – 10. Wo ist dein neuer Freund? – 11. Er kauft alte Möbel. – 12. Dieser alte Regenmantel gefällt mir nicht. – 13. Die Zimmer in diesem neuen Hotel sind groß. – 14. Ihr habt eine sehr schöne Wohnung. – 15. Der alte Mann hat eine neue Beschäftigung. – 16. Wie heißt der neue Angestellte? – 17. Die neuen Möbel sind schön. – 18. Sein neuer Beruf gefällt ihm. – 19. Siehst du diese alte Dame dort? – 20. Diese Häuser sind nicht schön. – 21. Wie heißt der neue Schüler? – 22. Sie haben eine neue Wohnung in einem alten Haus. – 23. Diese alten Häuser sind groß. – 24. Zeigst du mir deine neue Wohnung?

2. **Die Stellung des Adjektivs** – La place de l'adjectif

A. Grammatik

1. Stellung nach dem Substantiv	2. Stellung vor dem Substantiv
Il porte un chapeau *gris.*	Il porte un *petit* chapeau.
C'est une place *ronde.*	C'est une *grande* place.
C'est un dessert *excellent.*	C'est un *bon* dessert.

1. Die meisten Adjektive stehen nach dem Substantiv, insbesondere lange Adjektive und Adjektive, die eine Nationalität, Form oder Farbe bezeichnen.

2. Einige kurze (einsilbige) Adjektive stehen vor dem Substantiv: *beau bon, grand, jeune, long, petit, haut.*

3. Einige Adjektive ändern ihre Bedeutung je nachdem, ob sie vor oder nach dem Substantiv stehen:

grand:	une *grande* dame	–	eine vornehme Dame
	une dame *grande*	–	eine große Dame (von Gestalt)
cher:	un *cher* ami	–	ein lieber Freund
	un pantalon *cher*	–	eine teure Hose
pauvre:	un homme *pauvre*	–	ein armer Mann
	un *pauvre* homme	–	ein beklagenswerter (bemitleidenswerter) Mann

B. Fehlerquelle

Achten Sie besonders bei kurzen (einsilbigen) Adjektiven auf Bedeutung und Stellung!

C. Wortschatz

Wortfeld: Möbel – *les meubles*

le fauteuil	der Sessel	la chaise	der Stuhl
le placard	der Wandschrank	une armoire	der (Kleider-) Schrank
le canapé	das Sofa	la table	der Tisch
le lit	das Bett	une étagère	ein Regal
le tapis	der Teppich		
rond, e	rund	carré, e	viereckig
moderne	modern	haut, e	hoch
confortable	bequem		

»Le grand bonbon noir-là, s'il vous plaît.«

D. Übungen

1. Setzen Sie das Adjektiv an die richtige Stelle im Satz:

1. (vert) Je cherche le livre. – 2. (moderne) Ils ont un appartement près du centre de la ville. – 3. (confortable) Il se lève de son fauteuil. – 4. (carrée) Dans cette pièce il y a une table, (rouge) un canapé et (haute) une armoire. – 5. (petite) Où est la fille? – 6. (jeune) L'homme quitte la maison. – 7. (confortables) Les chaises sont dans la salle de séjour. – 8. (bon) C'est un restaurant. – 9. (ronde) La table est très chère. – 10. (jaune) Aimez-vous ce tapis? – 11. (beau) Vous

avez un placard. – 12. (haute) Cette armoire est à ses parents. – 13. (confortable) Ce canapé invite à dormir. – 14. (petits) Les lits sont pour les enfants. – 15. (bon) C'est un dessert. – 16. (excellent) C'est un repas. – 17. (intéressante) Pierre raconte une histoire. – 18. (gris) Il porte un imperméable. – 19. (anglaise) Il porte une cravate.

2. Achten Sie auf die Bedeutung des Adjektivs und setzen Sie es an die richtige Stelle:

1. pauvre: Cet homme n'a pas d'argent, c'est un (homme) . . . .
   Mme Leferre est très malade, c'est une (femme) . . . .
2. chère: C'est une (robe) . . ., elle coûte (kostet) 950 francs.
   cher: Mon (ami) . . ., que fais-tu ce soir?
3. grand: Mme Colotte est assez petite, mais son mari est un (homme) . . . .
   Le baron a un château élégant, c'est un (homme) . . . .

3. Übersetzen Sie:

1. Der französische Wein ist ausgezeichnet. – 2. Wer wohnt in diesem hohen Haus? – 3. Sie kauft einen roten Mantel. – 4. Dieser schöne Teppich ist sehr teuer. – 5. Wo sind die Gläser? In dem kleinen Regal? – 6. Die deutschen Touristen besichtigen die Kathedrale. – 7. Er hat viel Geld, er ist kein armer Junge. – 8. Eure große Wohnung ist nicht teuer. – 9. Eure teure Wohnung ist nicht groß. – 10. Wo ist mein weißes Hemd? – 11. Der kleine Wandschrank gefällt mir. – 12. Haben Sie ein schönes Haus? – 13. Dein Regenmantel ist in dem hohen Kleiderschrank. – 14. Die hohen Stühle sind nicht bequem. – 15. Der runde Tisch gefällt mir. – 16. Sie bringt guten Wein und elegante Gläser. – 17. Sie hat keine Eltern, sie ist ein bemitleidenswertes Mädchen.

III. Unregelmäßige Verben – Verbes irréguliers

A. Grammatik

faire – machen	**dire** – sagen	**lire** – lesen	**aller** – gehen
je fais	je dis	je lis	je vais
tu fais	tu dis	tu lis	tu vas
il/elle fait	il/elle dit	il/elle lit	il/elle va (2)

nous faisons (1)	nous disons	nous lisons	nous allons
vous faites	vous dites	vous lisez	vous allez
ils/elles font	ils disent	ils lisent	ils vont

(1) [fəzõ]

(2) Frageform: va-t-il?
va-t-elle?

B. Fehlerquellen

1. Achten Sie auf das stimmlose **f** bei *fais / font* und auf das stimmhafte **v** bei *vais / vont*!
2. Vergleichen Sie die Formen der 2. Personen Plural: *vous faites / dites*; aber: *vous lisez*!

C. Wortschatz

Feste Wendungen:

faire	attention	aufpassen	faire mal à qn	jdm. wehtun
	le lit	das Bett machen	(Il n'y a) ... rien à faire.	(Da ist) nichts zu machen.
	la chambre	das Zimmer in Ordnung bringen	Combien cela fait-il?	Wieviel kostet es?
	la cuisine	kochen		
dire	la vérité	die Wahrheit sagen	On dit que ...	Man sagt, daß ...
	des bêtises	Unsinn reden	à vrai dire	in Wahrheit
			Dis-moi, ...	Sag mir, ...
			Dites-moi, ...	Sagen Sie mir,
aller	à pied	zu Fuß gehen	Comment allez-vous?	Wie geht es Ihnen?
	en voiture	mit dem Auto fahren	Je vais bien.	Es geht mir gut.
	en France	nach Frankreich fahren	Ça va? (Umgangssprache)	Wie gehts?
	chercher	holen		

D. Übungen

1. Setzen Sie die Verbformen ein:

1. aller: 1. Où ... -tu? – Je ... en ville. – 2. Où ... Pierre et Charles? – 3. Nous ... en Italie. – 4. Où ... -il? – 5. Ça ...? –

6. Est-ce que vous ... à pied? – 7. Comment ... -tu? – 8. Je ... chercher le docteur.

2. faire: 1. Que ... -tu? – Je ... ma chambre. – 2. Qui ... la cuisine? – 3. Combien cela ... -il? – 4. Vous ... vos lits? – 5. Tu me ... mal. – 6. Nous ... nos chambres.

3. dire: 1. On ... qu'il est malade. – 2. Est-ce que tu ... la vérité? – 3. Vous ... des bêtises. – 4. ... -moi, où est votre voiture? – 5. Qu'est-ce que vous ...? – 6. ... -moi, tu as de l'argent? – 7. Les enfants ne le ... pas.

4. lire: 1. Qu'est-ce que tu ...? – Je ... un roman. – 2. Pierre et Marie, qu'est-ce que vous ...? – Nous ... les journaux. – 3. Ils ... un livre français. – ... -elle la lettre?

2. Übersetzen Sie:

1. Wie geht es Ihnen? – 2. Mir geht es sehr gut. – 3. Wer kocht heute? – 4. Sie tun mir weh. – 5. Sagst du die Wahrheit? – 6. Wir gehen nicht zu Fuß, wir fahren mit dem Auto. – 7. Fahrt ihr nach Italien? – 8. Wieviel kostet das? – 9. Man sagt, daß er arm ist. – 10. Passen Sie auf! – 11. Da ist nichts zu machen. – 12. Was macht ihr in der Stadt? – 13. Wann machst du dein Bett? – 14. Ich rede keinen Unsinn. – 15. Sagen Sie mir, wo ist die Kathedrale, bitte? – 16. Die Kinder bringen ihre Zimmer in Ordnung. – 17. Geht er nach Marseille? – 18. Was liest du? – 19. Ihr lest zu wenig. – 20. Paß auf! – 21. Lest diesen Brief. – 22. Geht sie nach Paris? – 23. Er liest eine englische Zeitung. – 24. Was lesen Sie? – 25. Holen Sie den Arzt? – 26. Ich hole ein Glas Wasser.

Lösungen

ERSTE LEKTION

I.

1. Setzen Sie *un* oder *une* ein:

1. un – 2. un – 3. une – 4. une – 5. Une – 6. un – 7. Une – 8. un – 9. une – 10. une

2. Bilden Sie 8 Fragen und Antworten nach dem folgenden Muster:

1. Qu'est-ce que c'est? Un stylo? – Oui, c'est un stylo.
2. Qu'est-ce que c'est? Un calendrier? – Oui, c'est un calendrier.
3. (etc.) Un journal? – Oui, c'est un journal.
Une gomme? – Oui, c'est une gomme.
Une enveloppe? – Oui, c'est une enveloppe.
Un cahier? – Oui, c'est un cahier.
Une revue? – Oui, c'est une revue.

3. Übersetzen Sie:

1. Voilà une revue. – 2. Une carte postale, s'il vous plaît. – 3. Est-ce un cahier? – 4. Qu'est-ce que c'est? Une enveloppe? – 5. Avez-vous un calendrier? – 6. Voilà une papeterie. – 7. Avez-vous un crayon? – 8. Est-ce un journal? – 9. Voilà une enveloppe. – 10. C'est une serviette. – 11. Qu'est-ce que c'est? Un stylo? – 12. Avez-vous une carte postale?

II.

1. Setzen Sie *le, la* oder *l'* ein:

1. la – 2. le – 3. l' – 4. la – 5. la – 6. l' – 7. la, l' – 8. la – 9. l'

2. Stellen Sie jemandem die Verwandten des Herrn Colotte vor.

1. Voilà Hélène. C'est la fille de M. Colotte. – 2. Voilà Mme Leferre. C'est la mère de M. Colotte. – 3. Voilà M. Forger. C'est l'oncle de M. Colotte. – 4. Voilà Mme Forger. C'est la tante de M. Colotte.

3. Übersetzen Sie:

1. Où est l'enfant? – 2. Est-ce la mère de Pierre? – 3. Que fait la femme? – 4. Voilà la grand-mère de Pierre. – 5. Qui est la fille de M. Colotte? – 6. Que fait l'oncle de Michel? – 7. C'est l'étudiant de Paris. – 8. Est-ce le garçon? – 9. Où est la fille? – 10. Qui est la tante d'Hélène? – 11. Où est l'étudiant? – 12. Que fait l'élève? – 13. Que fait l'élève?

ZWEITE LEKTION

1. Setzen Sie die Wörter in den Plural:

1. les verres – 2. des bols – 3. les tasses – 4. des serviettes – 5. des pots – 6. des cuillers – 7. des couverts – 8. les plateaux – 9. des couteaux – 10. des assiettes

2. Setzen Sie die Sätze in den Plural:

1. Apportez des verres, s'il vous plaît. – 2. Voilà les couteaux. – 3. Avez-vous des serviettes? – 4. Où sont les assiettes? – 5. Les bols sont là. – 6. Les plateaux sont ici. – 7. Les bouteilles sont sur les tables. – 8. Les fourchettes sont ici. – 9. Voilà des casseroles. – 10. Les couteaux sont sur les plateaux. – 11. Apportez des cuillers, s'il vous plaît.

3. Notieren Sie diejenigen 2 Hauptwörter aus dem Wortschatz, die im Plural die Endung -x haben:

le couteau – les couteaux
le plateau – les plateaux

4. Übersetzen Sie:

1. Voilà des fourchettes. – 2. Les assiettes sont sur la table. – 3. Où sont les bouteilles? – 4. Avez-vous des serviettes? – 5. Apporte des cuillers, s'il te plaît. – 6. Où sont les cuillers? – 7. Les couteaux sont là. – 8. Les soucoupes sont ici. – 9. Qu'est-ce que c'est? Des bols? – 10. Les tasses sont sur le plateau. – 11. Ce sont des casseroles. – 12. Avez-vous des plateaux? – 13. Ce sont des nappes. – 14. Apportez une bouteille et des verres, s'il vous plaît!

DRITTE LEKTION

I.

1. Füllen Sie die Kästchen waagrecht mit Farbadjektiven aus:

r	o	u	g	e
g	r	i	s	
v	e	r	t	
n	o	i	r	

2. Fragen nach Kleidungsstücken. Bilden Sie 4 Fragen und Antworten nach folgenden Mustern:

a) 1. Est-ce qu'il porte un pantalon? – Oui, il porte un pantalon noir. – 2. Est-ce qu'il porte un pullover? – Oui, il porte un pullover vert. – 3. Est-ce qu'il porte un manteau? – Oui, il porte un manteau jaune. – 4. Est-ce qu'il porte un costume? – Oui, il porte un costume gris.

b) 1. Est-ce qu'elle porte une robe? – Oui, elle porte une robe verte. – 2. Est-ce qu'elle porte une écharpe? – Oui, elle porte une écharpe bleue. – 3. Est-ce qu'elle porte une jupe? – Oui, elle porte une jupe grise. – 4. Est-ce qu'elle porte une veste? – Oui, elle porte une veste blanche.

3. Vervollständigen Sie die Sätze mit der richtigen Form des Adjektivs:

1. chère – 2. grise – 3. blanche – 4. bon – 5. bleu – 6. noire – 7. bleue – 8. cher

4. Welches der zwei angegebenen Hauptwörter kann in die Lücke eingesetzt werden? Fügen Sie auch den bestimmten Artikel *le* oder *la* ein:

1. La jupe ... – 2. La veste ... – 3. Le costume ... – 4. Le pullover ...

5. Setzen Sie die entsprechende Form von *avoir* ein:

1. Nous avons – 2. Elle a – 3. Tu as – 4. J'ai – 5. Vous avez – 6. Ils ont – 7. Les garçons ont – 8. Pierre a – 9. La fille a – 10. J'ai

6. Setzen Sie die entsprechende Form von être ein:

1. Nous sommes – 2. L'oncle est – 3. Il est – 4. Ils sont – 5. Les cahiers sont – 6. Je suis – 7. Vous êtes – 8. Les gants sont – 9. Tu es

7. Übersetzen Sie:

1. De quelle couleur est la cravate? La cravate est jaune. – 2. Est-ce qu'elle porte un manteau? Oui, un manteau rouge. – 3. De quelle couleur est la chemise de Pierre? – Jaune ou blanche? – 4. L'écharpe d'Hélène est blanche et le pullover de Pierre gris. – 5. Voilà le pantalon gris et le manteau noir. – 6. C'est une chemise chère, elle est blanche et bleue. – 7. Il porte une chaussette noire et une chaussette grise. – 8. Est-ce qu'il porte une cravate? Oui, elle est verte et jaune. – 9. De quelle couleur est l'imperméable de M. Colotte? L'imperméable est jaune.

II.

1. Vervollständigen Sie die Adjektive:

1. bleues – 2. courtes – 3. longues – 4. longs – 5. jaunes – 6. grises – 7. étroite – 8. étroites – 9. vertes – 10. larges – 11. noires

2. Setzen Sie die richtige Form des Adjektivs ein:

1. bleues – 2. courte – 3. blancs – 4. étroites – 5. courtes – 6. long – 7. grises – 8. grands – 9. petites – 10. sales – 11. rouges – 12. lourds – 13. courtes

3. Gegensatzpaare: Vervollständigen Sie die Sätze:

1. Non, la jupe est étroite. – 2. Non, la veste est petite. – 3. Non, les cravates sont courtes. – 4. Non, les pullovers sont grands. – 5. Non, le manteau est léger. – 6. Non, le costume est court. – 7. Non, les chaussettes sont sales.

4. Unregelmäßige Adjektive: Vervollständigen Sie die Sätze:

1. long; longue – 2. léger; légère – 3. blanc; blanche – 4. cher; chère

5. Welches Adjektiv paßt in die Lücke?

1. chers – 2. blanche – 3. légères – 4. long

6. Übersetzen Sie:

1. Les chaussettes sont trop chères. – 2. Les pullovers sont très étroits. – 3. Avez-vous des chemises légères? – 4. Les gants sont trop chers. – 5. Où sont les pullovers sales? – 6. Voilà l'écharpe blanche. – 7. Est-ce que les jupes sont longues? – 8. Les vestes sont très grandes. – 9. Est-ce qu'elle porte des manteaux chers? – 10. Où sont les chemises légères? – 11. Les manteaux sont trop lourds. – 12. Avez-vous des cravates bleues? – 13. La chemise blanche est sale. – 14. Les vêtements sont trop chers. – 15. Il porte des chaussettes vertes. – 16. Le pantalon de Pierre est trop court. – 17. La cravate est assez longue. – 18. Les robes d'Hélène sont très larges. – 19. Où est la veste légère?

VIERTE LEKTION

I.

1. Ergänzen Sie die Endungen:

1. Il regarde – 2. Ils regardent – 3. Elle cherche – 4. Elles cherchent – 5. Nous mangeons – 6. Tu prononces – 7. Ils parlent – 8. Nous rangeons – 9. Tu quittes – 10. Je commence – 11. Vous rangez – 12. Tu fonces

2. Setzen Sie in den Plural:

1. Ils portent des cravates. – 2. Elles mangent des desserts.

3. Setzen Sie ein passendes Verb aus dem Wortschatz ein.

1. fument – 2. mange, mangent – 3. lançons – 4. posent – 5. prononçons – 6. cherche – 7. parles – 8. quittent – 9. commencez – 10. prononcent – 11. ferment

4. Ergänzen Sie die Antworten:

a) 1. Non, je parle anglais, Peter parle français, Hélène et Pierre parlent allemand. – 2. Non, je regarde les cartes postales, Jean et Pierre regardent les revues. Elle regarde les tableaux. – 3. Oui, je fume des cigarettes. Il fume des cigares.
b) 1. mangeons – 2. rangeons – 3. prononçons – 4. commençons

5. Übersetzen Sie:

1. Les élèves montrent les photos. – 2. Nous corrigeons les fautes. – 3. Nous lançons le ballon à Pierre. – 4. Il cherche un hôtel. – 5. Ils (elles) cherchent une papeterie. – 6. Nous commençons le travail. – 7. Nous fonçons. – 8. La fille regarde le tableau et les garçons regardent les photos. – 9. Nous prononçons mal. – 10. Le monsieur parle français et les étudiants parlent anglais.

II.

1. Ergänzen Sie die Antworten:

1. Non, je ne fume pas. – 2. Non, il ne fonce pas. – 3. Non, il ne prononce pas bien. – 4. Non, ils ne ferment pas la porte. – 5. Non, je ne quitte pas la ville. – 6. Non, je ne cherche pas le journal. – 7. Non, nous ne montrons pas les photos.

2. Verneinen Sie die Sätze:

1. Je n'invite pas d'amis. – 2. Ils n'écoutent pas la radio. – 3. Elle n'étudie pas le français. – 4. Je ne corrige pas de fautes. – 5. Je n'aime pas la salade. – 6. Vous ne posez pas de questions. – 7. Je ne ferme pas la fenêtre. – 8. Il n'arrête pas le taxi. – 9. Je ne fume pas de cigarettes. – 10. Ils n'arrêtent pas le taxi. – 11. Tu n'oublies pas de mots. – 12. Ils n'aiment pas le thé. – 13. Nous ne regardons pas les maisons. – 14. Nous n'apportons pas de fourchettes. – 15. Elle n'invite pas l'amie. – 16. Il ne montre pas de photos.

3. Übersetzen Sie:

1. Nous ne quittons pas la ville. – 2. L'oncle n'est pas là. – 3. Je n'ai pas de crayon. – 4. Ce ne sont pas les livres de Pierre. – 5. Il n'étudie pas l'allemand. – 6. Nous ne parlons pas anglais. – 7. La sœur n'apporte pas le livre. – 8. Nous n'invitons pas la tante. – 9. Je ne fume pas de cigarettes. – 10. Nous n'aimons pas le thé. – 11. Elle ne mange pas de soupe. – 12. Il n'apporte pas de verres. – 13. Il n'est pas à Paris. – 14. Ils ne rangent pas les affaires.

III.

1. Bilden Sie Fragesätze mit *est-ce que* aus den Aussagesätzen:

1. Est-ce que tu écoutes la radio? – 2. Est-ce que vous étudiez le français? – 3. Est-ce qu'il corrige les fautes? – 4. Est-ce qu'elle fonce? – 5. Est-ce qu'ils arrêtent un taxi? – 6. Est-ce qu'elle apporte des verres? – 7. Est-ce que vous aimez le thé? – 8. Est-ce qu'ils regardent les photos? – 9. Est-ce qu'il ferme la fenêtre? – 10. Est-ce que nous mangeons une salade? – 11. Est-ce qu'il parle allemand?

2. Bilden Sie Fragesätze aus den folgenden Aussagesätzen. Verwenden Sie die 3. Frageform:

1. Regarde-t-il un tableau? – 2. Cherchez-vous un hôtel? – 3. Porte-t-elle une jupe grise? – 4. Parle-t-elle allemand? – 5. Commencent-ils le travail? – 6. Invitent-ils la famille Colotte? – 7. Prononce-t-il bien? – 8. Quitte-t-elle la ville? – 9. Mangez-vous une salade? – 10. Range-t-il les affaires? – 11. Aimez-vous le café? – 12. Apporte-t-elle le livre? – 13. Arrête-t-il un taxi? – 14. Invite-t-elle des amis?

3. Bilden Sie Fragen in der 3. Frageform zu folgenden Antworten:

1. Aime-t-elle le café? – 2. Apporte-t-il des verres? – 3. Rangent-ils les affaires? – 4. Cherchent-elles un hôtel? – 5. Oubliez-vous des mots? – 6. Fonçons-nous?

4. Übersetzen Sie. Verwenden Sie die 3. Frageform:

1. Quitte-t-il l'hôtel? – 2. Regardez-vous les photos? – 3. Etudie-t-elle l'allemand? – 4. Fermes-tu la fenêtre? – 5. Commencent-ils (elles) le travail? – 6. Porte-t-il une chemise blanche? – 7. Arrêtons-nous un taxi? – 8. Aimes-tu le café? – 9. Invite-t-il Pierre? – 10. Cherche-t-elle le journal? – 11. Corrigeons-nous les fautes?

IV.

1. Bilden Sie den bejahten und verneinten Imperativ der folgenden Wendungen im Singular und Plural:

1. Garde le livre. Ne garde pas le livre. Gardons le livre. Ne gardons pas le livre. Gardez le livre. Ne gardez pas le livre. – 2. Enfile la veste. N'enfile pas la veste. Enfilons la veste. N'enfilons pas la veste. Enfilez la veste. N'enfilez pas la veste. – 3. Ferme la fenêtre. Ne ferme pas la fenêtre. Fermons la fenêtre. Ne fermons pas la fenêtre. Fermez la fenêtre. Ne fermez pas la fenêtre. – 4. Regarde la photo. Ne regarde pas la photo. Regardons la photo. Ne regardons pas la photo. Regardez la photo. Ne regardez pas la photo.

2. Ergänzen Sie die bejahten und verneinten Befehlssätze:

1. Range les affaires, Hélène. – 2. Enfile le pullover, Pierre. – 3. Ne mange pas le dessert de Pierre, Hélène. – 4. Commencez le travail, Pierre et Hélène. – 5. Apportez les couverts, Pierre et Hélène. – 6. Ne rentrez pas trop tard, Pierre et Hélène. – 7. Ne fume pas les cigarettes de papa, Hélène.

3. Übersetzen Sie:

1. Rentre à la maison. – 2. Restez ici. – 3. Ne montons pas. – 4. Enfilez le manteau. – 5. Arrêtez un taxi. – 6. Rentrons. – 7. Montez. – 8. Ne monte pas. – 9. Apportez un verre, s'il vous plaît. – 10. Ferme la fenêtre. – 11. Ne restons pas à l'hôtel. – 12. Gardez la photo. – 13. Invitons Pierre. – 14. Montons sur la tour Eiffel. – 15. Regardez le tableau.

FÜNFTE LEKTION

I.

1. Setzen Sie den Teilungsartikel ein:

1. du, de la, des – 2. du, du, des, du – 3. du, du, des, des – 4. de, de, de – 5. de, de – 6. des, des, d' – 7. de, de – 8. des, de – 9. du, de – 10. des, du, de la, de

2. Verneinen Sie folgende Sätze:

1. Elle ne boit pas de thé. – 2. La fille n'apporte pas de tasses de café. – 3. Pierre ne prend pas de croissants. – 4. Ce ne sont pas des petits pains. – 5. Ce n'est pas du beurre. – 6. Nous ne mangeons pas de confiture. – 7. Ce n'est pas du sucre. – 8. Nous n'avons pas de sucre. – 9. Ce ne sont pas des sandwiches. – 10. Jean ne mange pas d'œufs. – 11. Ce n'est pas de la confiture. – 12. Elle ne prend pas de miel.

3. Bilden Sie Fragen und Antworten:

1. Avez-vous du pain? – Non, nous n'avons pas de pain.
2. Avez-vous du beurre? – Non, nous n'avons pas de beurre.
3. Avez-vous des œufs? – Non, nous n'avons pas d'œufs.
4. Avez-vous des tartines? – Non, nous n'avons pas de tartines.
5. Avez-vous des sandwiches? – Non, nous n'avons pas de sandwiches.
6. Avez-vous du thé au citron? – Non, nous n'avons pas de thé au citron.
7. Avez-vous de la confiture? – Non, nous n'avons pas de confiture.

4. Übersetzen Sie:

1. Il prend du lait, mais il ne prend pas de sucre. – 2. Tu manges trop de beurre. – 3. Nous avons beaucoup de croissants, mais peu de petits pains. – 4. Qu'est-ce que c'est? De la confiture? – 5. Nous avons trop peu de thé. – 6. Ce n'est pas du café au lait. – 7. Elle boit du thé au citron et mange des sandwiches. – 8. Apportez des œufs, s'il vous plaît. – 9. Ce ne sont pas des petits pains. – 10. Voilà du sucre, du lait et du café. – 11. Apportez de la confiture, s'il vous plaît. – 12. Elle prend beaucoup de sucre. – 13. Un verre de thé, s'il vous plaît. – 14. Tu manges trop peu de pain.

II.

1. Ergänzen Sie die Verben:

1. J'attends ... – 2. Entends-tu ... – 3. Descend-il ... – 4. Ne prends pas ... – 5. Vend-elle ... – 6. Les touristes descendent ... – 7. Attendent-ils ... – 8. Pierre rend ... – 9. Vends-tu ... – 10. Il ne répond ... – 11. Il interrompt ... – 12. Attend-elle ... – 13. Rend-il ...? – 14. N'attends pas ... – 15. Descendez-vous?

2. Formen Sie die Aussagesätze in Fragesätze um:

1. Attend-elle Pierre? – 2. Mange-t-elle des oranges? – 3. Rend-il les cahiers? – 4. Apporte-t-il des verres? – 5. Ecoute-t-elle la radio? – 6. Vend-il des journaux? – 7. Arrive-t-il à Marseille? – 8. Descend-il à Avignon? – 9. Rend-elle la robe? – 10. Etudie-t-elle le français? – 11. Vend-elle des œufs?

3. Übersetzen Sie:

1. Attends! Tu perds les cartes postales. – 2. Voici la tour Eiffel. Descendons. – 3. Entends-tu les enfants? – 4. Ne descendez pas! Attendez encore un peu. – 5. Attends-tu la tante? – 6. Il vend du pain, des croissants et des petits pains. – 7. Ne perdez pas courage! – 8. Ils ne rendent pas l'argent. – 9. Ne perds pas la photo! – 10. Elle entend mal, elle n'entend pas tes questions. – 11. Vendez-vous le tableau? – 12. Entendez-vous les élèves? – 13. N'interrompez pas la dame! – 14. Vend-il beaucoup de livres? – 15. Descendez-vous à Bordeaux?

SECHSTE LEKTION

I.

1. Ergänzen Sie die Sätze mit *de, de l', du, de la* oder *des*:

1. de Pierre. – 2. des garçons. – 3. de la ville. – 4. de l'hôtel. – 5. des enfants – 6. de l'oncle? – 7. des amis? – 8. du restaurant. – 9. de la cathédrale. – 10. du livre? – 11. de la ville. – 12. du manteau – 13. de Paris. – 14. des élèves – 15. du dessert. – 16. du professeur – 17. de la dame – 18. des enfants? – 19. du père de Robert?

2. Ergänzen Sie die Sätze mit *à, à l', au, à la* oder *aux*:

1. aux enfants. – 2. à la fille. – 3. au restaurant. – 4. à Marseille? – 5. à l'oncle. – 6. aux amis. – 7. au professeur. – 8. aux étudiants. – 9. à

la maison? – 10. aux touristes. – 11. à la papeterie. – 12. à la tante. – 13. à l'école. – 14. au professeur. – 15. au lait. – 16. à l'ami

3. Übersetzen Sie:

1. Les fenêtres de la maison sont fermées. – 2. Elle rentre de la ville. – 3. Il montre le tableau aux touristes. – 4. Donnez-vous l'argent à la fille? – 5. La robe de la dame est trop longue. – 6. L'hôtel est loin de la ville. – 7. Etes-vous contents du dessert? – 8. Vas-tu à Paris? – 9. Nous parlons de l'amie de Pierre. – 10. Il parle à Pierre. – 11. Il parle allemand aux touristes. – 12. Est-ce que c'est l'imperméable du garçon? – 13. Elle ne va pas à l'école. – 14. Nous téléphonons de Paris. – 15. Il va au travail.

II.

1. Setzen Sie in alle Personen:

1. Tu choisis un vin blanc, tu n'aimes pas la bière. – Il/Elle choisit ..., il/elle n'aime pas ... – Nous choisissons ..., nous n'aimons pas ... – Vous choisissez ..., vous n'aimez pas ... – Ils/Elles choisissent ..., ils/elles n'aiment pas .... .
2. Tu finis le travail parce que tu sors. – Il/Elle finit ... il/elle sort. – Nous finissons ... nous sortons. – Vous finissez ... vous sortez. – Ils/Elles finissent ... ils/elles sortent.

2. Ergänzen Sie die Endungen der Verben:

1. Le garçon sert ... et remplit ... – 2. Les clients réfléchissent ... – 3. Nous choisissons ... – 4. tu choisis ... – 5. Les garçons servent ... – 6. Elle remplit ... – 7. vous choisissez ... – 8. M. Colotte réfléchit ... – 9. Nous grossissons ..., nous mangeons – 10. vous servez ... – 11. Pierre choisit ... – 12. Les serveuses servent ... – 13. Les clients sortent ... et partent – 14. L'oncle et la tante réfléchissent ..., ils choisissent – 15. Vous ne grossissez pas ..., ne mangez pas ... – 16. tu dors? – 17. vous partez? – nous partons ... – 18. Dormez! – 19. Choisissez ... – 20. Vous remplissez ...

3. Bejahte und verneinte Befehle. Ergänzen Sie die Befehlssätze.

1. »Dormez!« – 2. »Ne sors pas sans manteau!« – 3. »Ne pars pas sans argent!« – 4. »Finissez le travail!« – 5. »Réfléchissez!« – 6. »Ne dormez pas trop longtemps!« – 7. »Choisis une robe assez longue!« – 8. »Ne servez pas la bière sans verres!« – 9. »Ne partez pas!« – 10. »Ne choisissez pas de plats garnis trop chers!«

4. Übersetzen Sie:

1. Que choisissez-vous? – 2. Nous ne dormons pas longtemps. – 3. Le garçon apporte les hors-d'œuvres. – 4. M. Colotte choisit une cravate bleue. – 5. Sentez! – 6. Ne partez-vous pas? – 7. Réfléchissons un moment. – 8. Qui sert les clients? Un garçon ou une serveuse? – 9. Remplissons les verres! – 10. Hélène sort avec Robert. – 11. Voici quelques rafraîchissements. Choisissez! – 12. Sens-tu le fromage? – Il est très bon. – 13. Ils ne réfléchissent pas longtemps et choisissent un bon vin rouge. – 14. Les clients ne partent pas, ils restent à l'hôtel. – 15. Tu réfléchis longtemps. Que choisis-tu? – 16. Je grossis parce que je mange trop de pommes de terre. – 17. Ne sortez pas sans imperméable. – 18. Choisissez-vous du fromage ou des fruits? – 19. Le garçon sert le vin et les verres sur un plateau. – 20. La serveuse apporte l'addition sur une assiette. – 21. Ne remplissez pas les verres! Partons! – 22. Part-il pour Paris? – 23. Elle mange beaucoup, mais elle ne grossit pas.

III.

1. Setzen Sie die richtige Verbform ein:

1. j'emmène; vous emmenez; elles emmènent; tu emmènes;
2. elles appellent; tu appelles; nous appelons; elle appelle;
3. nous complétons; je complète; vous complétez; ils complètent; il complète;
4. il envoie; vous envoyez; elles envoient; tu envoies.

2. Vervollständigen Sie die Verben:

1. Elle pèse . . . . La route mène . . . . Ils emmènent . . . . Nous achetons . . . . Pèle-t-il . . .? – 2. Elle appelle . . . . Papa feuillette . . . . Nous épelons . . . . – 3. Nous complétons . . . . M. Colotte possède . . . . Possédez-vous . . .? – 4. La femme nettoie . . . . Nous essuyons . . . . les enfants tutoient . . .?

3. Setzen Sie sinngemäße Verben aus dem obigen Wortschatz ein:

1. Envoyez-vous . . .? – 2. Pierre pèle . . . – 3. Les femmes nettoient. – 4. Hélène épèle . . . – 5. Envoie-t-il . . . – 6. M. Colotte possède . . . – 7. Les vendeurs pèsent . . . – 8. Nous envoyons . . . – 9. Nous nettoyons . . . – 10. Les filles pèlent . . . –

4. Ergänzen Sie die Antworten:

1. Non, nous essuyons .... Pierre essuie ... – 2. Non, j'envoie .... Pierre et Hélène envoient ... – 3. Oui, j'appelle ... – 4. Oui, j'achète ... Pierre et Hélène achètent ... – 5. Non, nous n'emmenons pas .... M. et Mme Colotte emmènent ....

5. Übersetzen Sie:

1. Ils possèdent une maison à Marseille. – 2. Epelez le nom de la ville. – 3. Achètes-tu une livre de pommes, s'il te plaît? – 4. Les enfants feuillettent un livre. – 5. Il mène les touristes à la cathédrale. – 6. Achetez-vous une auto? – 7. Le garçon n'essuie pas les verres. – 8. Elle n'achète pas la robe, elle est trop chère. – 9. M. Colotte paie l'addition (M. Colotte paye ...). – 10. Les enfants envoient une carte postale aux amis. – 11. Elle lève le journal. – 12. Il épèle l'adresse. – 13. Pierre tutoie son oncle. – 14. Répétez le mot, s'il vous plaît. – 15. Payons l'addition. – 16. Appelle Pierre! – 17. Lève le livre! – 18. N'achetez pas les poires, elles ne sont pas bonnes. – 19. Appelons un taxi! – 20. Achetez-vous l'auto? – 21. Achètent-ils la moto? – 22. Appelle le garçon, s'il te plaît.

SIEBTE LEKTION

I.

1. Setzen Sie die Possessivpronomen ein:

1. Sa tête ... – 2. Ses cheveux ... – 3. Ses oreilles ... – 4. Son nez ... – 5. Son cou ... – 6. Ses jambes ... – 7. Ses dents ... – 8. Son visage ... –
1. Ma tête ... – 2. Mes cheveux ... – 3. Mes oreilles ... – 4. Mon nez ... – 5. Mon cou ... – 6. Mes jambes ... – 7. Mes dents ... – 8. Mon visage ...

2. Chez le docteur: Bilden Sie 5 Aussage- und Befehlssätze:

1. J'ai mal au cou. Le docteur:	»Montre-moi ton cou!«
2. J'ai mal au bras.	»Montre-moi ton bras!«
3. J'ai mal aux oreilles.	»Montre-moi tes oreilles!«
4. J'ai mal aux dents.	»Montre-moi tes dents!«
5. J'ai mal à la main.	»Montre-moi ta main!«

3. Ergänzen Sie die Sätze mit dem entsprechenden Possessivpronomen:

1. Ma bicyclette – 2. Notre voiture – 3. Leur chien – 4. votre maison? – 5. Leurs enfants – 6. vos enfants – 7. leurs desserts. – 8. vos imperméables. – 9. tes amis? – 10. Nos chambres – 11. ses parents. – 12. votre nom – 13. leurs vacances. – 14. Son costume – 15. sa voiture. – 16. sa femme? – 17. son père. – 18. leur maison?

4. Ergänzen Sie:

1. ma maison et mon adresse. – ta lettre et ton enveloppe. – son orange et sa banane. – 2. Leur maison ..., leurs pièces .... Leurs parents .... Leur père ..., leur mère ....

5. Übersetzen Sie:

1. Où sont vos grand-parents? – 2. Nos livres ne sont pas là. – 3. Ses cheveux sont bruns. – 4. Ses cheveux sont blonds. – 5. Voici votre manteau. – 6. Voici vos manteaux. – 7. Est-ce une photo de ton amie? – 8. Est-ce une photo de ta maison? – 9. Sa sœur est blonde. – 10. Où sont nos chambres? – 11. Vos amis ne sont pas là. – 12. Son visage est rond. – 13. Nous envoyons une carte postale à notre oncle. – 14. Il cherche son crayon. – 15. Je ne trouve pas ma cravate. – 16. Il regarde son tableau. – 17. Sa robe est trop longue. – 18. Mangez-vous votre dessert? – 19. Est-ce votre auto?

II.

1. Setzen Sie die entsprechende Form des Demonstrativpronomens ein:

1. Ce vin – 2. ces touristes – 3. Cette dame – 4. cet hôtel? – 5. cette pomme – 6. C'est – 7. Cette orange – 8. Cet imperméable – 9. ce fromage – 10. Ces gens-là – ce sont – 11. ce restaurant – 12. Ces cravates

2. Bilden Sie 4 Sätze:

1. Ce n'est pas un Anglais, c'est un Espagnol. – 2. Ce n'est pas un Italien, c'est un Hollandais. – 3. Ce n'est pas un Américain, c'est un Russe. – 4. Ce n'est pas un Français, c'est un Anglais.

3. Übersetzen Sie:

1. Cette Italienne parle allemand. – 2. La femme de cet Américain est hollandaise. – 3. Voici l'adresse de cet Espagnol. – 4. Cet Italien est de

Venise. – 5. Ces chambres sont pour les touristes allemands. – 6. Ce n'est pas un journal français. – 7. Cet hôtel n'est pas loin de la ville. – 8. Cette auto américaine est trop chère. – 9. Ces étudiants russes partent. – 10. Aimez-vous ces robes italiennes? – 11. Ce n'est pas la chambre de Pierre, c'est la chambre d'Hélène. – 12. Cet Allemand est de Berlin.

III.

1. Setzen Sie die entsprechende Form von *quel* ein:

1. Quelle revue – 2. Quels journaux – 3. Quel fruit – 4. Quel livre – 5. Quel dessert – 6. Quelles filles – 7. Quel est votre nom? – 8. Quelle est votre adresse? – 9. Quels gens –

2. Übersetzen Sie:

1. Quelle lettre lis-tu? – 2. Quelles photos regardes-tu? – 3. Quelle ville est-ce? – 4. Quel est votre hôtel? – 5. Quelle robe porte-t-elle? – 6. Quels garçons voyez-vous? – 7. Quelles amies attendez-vous? – 8. De quelle couleur est votre manteau? – 9. Quelle auto vois-tu? – 10. Quel homme est-ce?

ACHTE LEKTION

I.

1. Setzen Sie die Fragefürworter ein:

1. Qui frappe? – 2. Que manges-tu? – 3. Qui sonne? – 4. Qui habite? – 5. A qui est? – 6. A quoi sert – 7. Que fait-il? – Que lis-tu? – 9. Que donnes-tu? – 10. Qui monte?

2. Wie lauten die folgenden Fragen ohne *est-ce que*?:

1. A qui donne-t-il la clé? – 2. De qui parle-t-il? – 3. Que fait-il? – 4. Qui invites-tu? – 5. Que prépare-t-elle à la cuisine? – 6. A qui envoyez-vous un télégramme? – 7. Qui voyez-vous sur le balcon? – 8. Que cherches-tu à la cuisine?

3. Wie fragen Sie nach diesen Wörtern?

1. A qui est cette Renault? – A qui est-ce que cette Renault est? – 2. Qui est dans la salle de séjour? – Qui est-ce qui est dans la salle de séjour? – 3. Que prépare-t-elle à la cuisine? – Qu'est-ce qu'elle prépare . . .? – 4. A qui donnes-tu la clé? – A qui est-ce que tu donnes . . .? – 5. A qui

montres-tu l'appartement? – A qui est-ce que tu montres ...? – 6. Que possède-t-il? – Qu'est-ce qu'il possède? – 7. De qui parles-tu? – De qui est-ce que tu parles? – 8. A quoi penses-tu? – A quoi est-ce que tu penses? – 9. Qui travaille dans un hôtel? – Qui est-ce qui travaille ...? – 10. Qui regarde-t-il? – Qui est-ce qu'il regarde? – 11. Qu'achète-t-elle? – Qu'est-ce qu'elle achète? – 12. A quoi sert la clé? – A quoi est-ce que la clé sert? – 13. Avec qui sort-elle? – Avec qui est-ce qu'elle sort? – 14. Que ne trouves-tu pas? – Qu'est-ce que tu ne trouves pas?

4. Stellen Sie je eine Frage nach den unterstrichenen Satzteilen:

1. Qui envoie une carte postale? – Qu'envoient les enfants? – A qui les enfants envoient-ils une carte postale?
2. Qui parle de son appartement? – De quoi parle M. Colotte? – A qui M. Colotte parle-t-il de son appartement?
3. Qui porte la robe de sa mère? – Que porte Jeanne? – De qui Jeanne porte-t-elle la robe?
4. Qui mange les sandwiches de son frère? – Que mange Hélène? – De qui Hélène mange-t-elle les sandwiches?

5. Übersetzen Sie:

1. A qui donnes-tu le livre? – 2. A quoi sert ce couteau? – 3. A quoi penses-tu? – 4. A qui penses-tu? – 5. A qui est cette maison? – 6. Que mangez-vous? – 7. Qui sonne? – 8. Qui emmène-t-il à Bordeaux – 9. De qui parlez-vous? – 10. A qui est cette clé? – 11. Avec qui sortez-vous? – 12. A qui montres-tu l'appartement? – 13. Qu'achète-t-elle? – 14. A qui donnes-tu l'argent? – 15. Qu'envoyez-vous à vos amis? – 16. Que lis-tu? – 17. Qui est dans la salle de bains? – 18. Que fait-il dans le couloir? – 19. A quoi servent ces petites fourchettes? – 20. Qui habite au rez-de-chaussée?

II.

1. Formen Sie die Aussagesätze in Fragesätze ein:

a) Fragen nach der Zeit:

1. Quand arrivez-vous à Strasbourg? – Quand est-ce que vous arrivez ...? – 2. Quand manges-tu au restaurant? – Quand est-ce que tu manges ...? – 3. Quand achètent-ils une voiture? – Quand est-ce qu'ils achètent ...? – 4. Quand nettoie-t-elle sa chambre? – Quand est-ce qu'elle nettoie ...? – 5. Quand envoyez-vous un paquet à votre ami?

– Quand est-ce que vous envoyez ...? – 6. Quand emmène-t-il Pierre à Paris? – Quand est-ce qu'il emmène ...? – 7. Quand achètes-tu une robe? – Quand est-ce que tu achètes ...? – 8. Quand finis-tu ton travail? – Quand est-ce que tu finis ...? – 9. Quand partez-vous? – Quand est-ce que vous partez? – 10. Quand êtes-vous à la maison? – Quand est-ce que vous êtes ...?

b) Fragen nach dem Ort:

1. Où travaille-t-il? – Où est-ce qu'il travaille? – 2. Où achetez-vous du fromage? – Où est-ce que vous achetez ...? – 3. Où montons-nous? – Où est-ce que nous montons? – 4. Où portes-tu la lettre? – Où est-ce que tu portes ...? – 5. Où étudie-t-elle l'allemand? – Où est-ce qu'elle étudie ...? – 6. Où arrête-t-il un taxi? – Où est-ce qu'il arrête ...? – 7. Où vois-tu un restaurant? – Où est-ce que tu vois ...? – 8. Où cherchez-vous un appartement? – Où est-ce que vous cherchez ...? – 9. Où achètent-ils une maison? – Où est-ce qu'ils achètent ...? – 10. Où dormons-nous? – Où est-ce que nous dormons?

c) Fragen nach dem Grund:

1. Pourquoi est-il dans sa chambre? – Pourquoi est-ce qu'il est ...? – 2. Pourquoi frappes-tu à la porte? – Pourquoi est-ce que tu frappes ...? – 3. Pourquoi ne montez-vous pas? – Pourquoi est-ce que vous ne montez pas? – 4. Pourquoi ne mange-t-il pas sa soupe? – Pourquoi est-ce qu'il ne mange pas ...? – 5. Pourquoi porte-t-il une cravate? – Pourquoi est-ce qu'il porte ...? – 6. Pourquoi achetez-vous des timbres? – Pourquoi est-ce que vous achetez ...? 7. Pourquoi regardez-vous la photo? – Pourquoi est-ce que vous regardez ...? – 8. Pourquoi appelles-tu le garçon? – Pourquoi est-ce que tu appelles ...? – 9. Pourquoi choisissez-vous un costume noir? – Pourquoi est-ce que vous choisissez ...? – 10. Pourquoi fermes-tu la porte du couloir? – Pourquoi est-ce que tu fermes ...?

2. Übersetzen Sie:

1. Où habitez-vous? – 2. Quand partez-vous? – 3. Pourquoi travaille-t-il si longtemps? – 4. Où achetez-vous ce bon vin? – 5. Pourquoi lis-tu ce livre? – 6. Où vois-tu un bus? – 7. Pourquoi mangez-vous dans ce restaurant? – 8. Quand arrive ton oncle? – 9. Pourquoi est-il malade? – 10. Pourquoi apprends-tu le hollandais? – 11. Quand cherches-tu la clé?

– 12. Pourquoi emmenez-vous Hélène? – 13. Quand répétez-vous les mots? – 14. Où attendez-vous votre ami? – 15. Quand descendez-vous les escaliers? – 16. Pourquoi vendez-vous votre maison? – 17. Où arrive-t-il? – 18. Pourquoi ne parles-tu pas français? – 19. Où sonnes-tu? – 20. Pourquoi ferme-t-il la fenêtre?

III.

1. Setzen Sie die entsprechenden Formen von *tout* ein:

a) tous les soirs. – toute l'année. – toutes les nuits. – tout le matin. – tout (toute) l'après-midi.
b) tout mon argent. – tous ses livres. – toutes vos photos. – toute la bouteille. – tous ces journaux.

2. Welches der angegebenen Substantive paßt in die Lücke?

a) Pierre mange toute la soupe. Pierre mange toutes les bananes.
b) Il téléphone tous les 3 jours. Tout le matin.

3. Setzen Sie die entsprechenden Formen von *tout* und dem bestimmten Artikel ein:

a) toute la nuit. – tous les soirs. – toute la journée.
b) toute l'année. – toutes les 2 semaines. – tous les après-midi.

4. Übersetzen Sie:

1. Je mange tout. – 2. Est-ce tout? – 3. Le téléphone sonne toutes les 5 minutes. – 4. Nous sommes tout l'après-midi chez ma tante. – 5. Il voit tout. – 6. Pourquoi dors-tu toute la journée? – 7. Tous ces costumes sont très chers. – 8. Il parle de son travail toute la soirée. – 9. Où sont toutes tes amies? – 10. Elle regarde toutes les photos. – 11. Je suis à Strasbourg tous les 2 mois. – 12. Je suis à Strasbourg tout le mois. – 13. Travaille-t-il toute la semaine? – 14. Manges-tu tout mon dessert? – 15. Il mange au restaurant toute l'année. – 16. Où est tout l'argent?

NEUNTE LEKTION

I.

1. Ergänzen Sie die Reflexivpronomen:

1. s'éveillent – 2. Te rases – 3. se dépêchent – 4. vous essuyez – 5. t'habilles – m'habille – 6. se dépêche.

2. Ergänzen Sie die Sätze (Verneinungen):

1. Non, elle ne s'éveille pas de bonne heure. – 2. Non, je ne me peigne pas à la cuisine. – 3. Non, il ne se regarde pas dans la glace. – 4. Non, nous ne nous habillons pas pour sortir. – 5. Non, ils ne se lavent pas avec de l'eau chaude. – 6. Non, je ne me rase pas avec de l'eau froide.

3. Bilden Sie Fragen aus den vorgegebenen Satzteilen:

1. S'habille-t-il dans la chambre? – 2. Vous dépêchez-vous? – 3. A quelle heure vous levez-vous? – 4. Comment vous appelez-vous? – 5. Comment t'appelles-tu? – 6. Avec quoi nous essuyons-nous?

4. Formen Sie die Aussagesätze in verneinte Fragesätze um:

1. Ne vous rasez-vous pas? – 2. Ne s'habillent-elles pas? – 3. Ne te peignes-tu pas? – 4. Ne se dépêchent-ils pas? – 5. Ne vous essuyez-vous pas? – 6. Ne s'éveille-t-elle pas?

5. Übersetzen Sie:

1. Comment vous appelez-vous? – 2. Comment s'appelle ce monsieur-là? – 3. A quelle heure vous levez-vous? – 4. Te rases-tu avec de l'eau froide? – 5. Je me réveille toujours tôt. – 6. Pourquoi ne te peignes-tu pas? – 7. Ils ne se lavent pas avec de l'eau chaude. – 8. Elle se regarde dans la glace. – 9. Il est dans la salle de bains, il se peigne. – 10. Pourquoi t'essuies-tu avec ma serviette de toilette? – 11. Pourquoi ne t'habilles-tu pas? – 12. Il se dépêche parce que l'eau est froide.

II.

1. Setzen Sie das fehlende Objektpronomen ein:

1. nous apporte – 2. vous cherche – 3. t'apporte – 4. t'invite

2. Verneinen Sie folgende Sätze:

1. Il ne vous attend pas ... – 2. Elle ne m'envoie pas ... – 3. Elle ne nous montre pas ... – 4. Le monsieur ne vous regarde pas. – 5. Il ne t'aime pas. – 6. Il ne me demande pas.

3. Bilden Sie Fragesätze:

1. Me donnes-tu ...? – 2. Vous attend-elle ...? – 3. Nous envoyez-vous ...? – 4. Nous invites-tu ...? – 5. Vous quitte-t-il? – 6. Me cherchez-vous? – 7. Nous apportez-vous ...?

4. Übersetzen Sie:

1. Il nous montre ses tableaux. – 2. A quelle heure nous attends-tu? – 3. Il t'invite. – 4. Il ne me corrige pas. – 5. Pourquoi nous quittez-vous? – 6. M'apportes-tu les journaux? – 7. Je te cherche toute la journée. – 8. Nous vous invitons pour une tasse de café. – 9. Nous entendez-vous? – 10. Pourquoi ne nous attends-tu pas? – 11. Je vous apporte du thé chaud? – 12. Nous montrez-vous la maison? – 13. Me donnes-tu le livre? – 14. Il t'attend devant la maison.

III.

1. Die indirekten Objektpronomen (3. Person)

a) Ersetzen Sie die Satzteile durch ein indirektes Objektpronomen:

1. Le guide leur montre ... – 2. Jean lui laisse ... – 3. L'agent de police lui répond. – 4. Il leur envoie ... – 5. Il lui montre ... – 6. Est-ce qu'il lui demande? – 7. Le guide leur répond. – 8. Il lui donne ... – 9. Elle lui parle. – 10. Il leur montre ...

b) Ergänzen Sie die Sätze mit einem indirekten Personalpronomen:

1. leur explique ... – 2. lui laisse ... – 3. lui répond – 4. lui donne – 5. leur montre – 6. leur parle

c) Übersetzen Sie:

1. Qu'est-ce qu'il lui explique? – 2. Il ne lui répond pas. – 3. L'agent de police leur parle. – 4. Lui montrez-vous la cathédrale? – 5. L'agent de police lui donne son sac à main. – 6. Je lui demande. – 7. Nous leur envoyons les diapositives. – 8. Elle lui laisse son guide. – 9. Il lui montre la rue. – 10. Le guide leur répond.

2. Die direkten Objektpronomen (3. Person)

a) Ersetzen Sie die Satzteile durch ein direktes Objektpronomen:

1. Ils l'admirent. – 2. Elle les regarde. – 3. Je ne la trouve pas. – 4. Ils les regardent. – 5. Les touristes l'attendent. – 6. Il les envoie à son ami. – 7. Est-ce que vous l'aimez? – 8. Il ne l'achète pas. – 9. Tu ne la trouves pas? – 10. Vous le cherchez?

b) Ergänzen Sie die Sätze mit einem direkten Objektpronomen:

1. le trouvent – 2. l'aime – 3. le regardent – 4. l'admirent – 5. l'appelle – 6. le donne

c) Übersetzen Sie:

1. Les étudiants cherchent la place. Ils la cherchent sur le plan de la ville, mais ils ne la trouvent pas. – 2. Hélène apporte des sandwiches, elle les porte dans son sac. – 3. Les diapositives sont chères, Robert ne les achète pas. – 4. L'église est très petite, tu ne la trouves pas sans plan de la ville. – 5. Le bâtiment est très beau, les touristes le regardent longtemps. – 6. Jeannette a ton guide, elle le porte dans son sac. – 7. Le guide n'est pas encore là, ils l'attendent devant l'église. – 8. Aimes-tu ces souvenirs? Les achètes-tu? – 9. Les sandwiches sont bons. – Pourquoi ne les manges-tu pas? – 10. Où sont les tours? Je ne les vois pas.

3. Direkte oder indirekte Objektpronomen (3. Person)?

a) Ersetzen Sie die Satzteile durch das passende Objektpronomen:

1. Pourquoi ne les invitez-vous pas? – 2. Que lui montres-tu? – 3. Nous ne les attendons pas. – 4. Est-ce qu'ils la demandent à papa? – 5. Les mangez-vous? – 6. L'écoutent-ils? – 7. Il leur explique le problème. – 8. Il leur envoie une carte postale. – 9. Il le laisse à la jeune fille. – 10. Il lui laisse le chocolat. – 11. Il ne le donne pas à sa sœur. – 12. Il ne lui donne pas l'argent. – 13. Ils les visitent. – 14. Pourquoi ne lui répondez-vous pas? – 15. Ils les montrent à leurs parents. – 16. Ils leur montrent les photos. – 17. Je ne les trouve pas. – 18. Ils leur parlent.

b) Vervollständigen Sie die Antworten:

1. Non, je ne le mange pas. – 2. Non, je ne lui parle pas. – 3. Non, je ne le lis pas. – 4. Non, je ne les regarde pas. – 5. Non, je ne lui montre pas les photos. – 6. Non, je ne lui donne pas l'argent. – 7. Non, je ne lui envoie pas de lettre. – 8. Non, je ne l'écoute pas. – 9. Non, je ne lui donne pas les livres. – 10. Non, je ne les apporte pas. – 11. Non, je ne l'aime pas. – 12. Non, je ne lui demande pas. – 13. Non, je ne leur parle pas. – 14. Non, nous ne les attendons pas. – 15. Non, je ne l'ai pas.

ZEHNTE LEKTION

I.

1. Setzen Sie in den Plural:

1. les feux; 2. les canaux; 3. les détails; 4. les pneus; 5. les plateaux; 6. les bals; 7. les gratte-ciel; 8. les clous; 9. les neveux; 10. les châteaux;

11. les travaux; 12. les bijoux; 13. les porte-monnaie; 14. les festivals; 15. les vitraux; 16. les métaux; 17. les cheveux; 18. les trous; 19. les tire-bouchons; 20. les animaux; 21. les gâteaux; 22. les joujoux; 23. les fous.

2. Übersetzen Sie:

1. Les verres sont sur les plateaux. – 2. Ses cheveux sont blonds. – 3. Ils regardent les vitraux. – 4. Où sont tes neveux? – 5. Les pneus sont chers. – 6. Combien de bijoux porte-t-elle? – 7. Les enfants apportent leurs joujoux. – 8. Les bateaux sont blancs. – 9. Ils visitent des châteaux en France. – 10. Où sont les clous? – 11. Vois-tu les animaux? – 12. Les porte-monnaie sont vides. – 13. Ces métaux sont lourds. – 14. Regardez-vous les gratte-ciel? – 15. Les canaux sont trop étroits pour les bateaux. – 16. Il me raconte tous les détails. – 17. N'oubliez pas vos chapeaux. – 18. Les enfants aiment ces jeux. – 19. Voyez-vous les chevaux? – 20. J'achète deux timbres-poste. – 21. Le train a deux wagons-lits. – 22. Les yeux d'Hélène sont verts. – 23. Mes genoux me font mal. – 24. Bonjour, Messieurs. – 25. Les travaux durent une semaine.

II.

1. Setzen Sie die richtige Form des Adjektivs ein:

1. un bel atelier. – 2. une nouvelle occupation. – 3. Le vieil ouvrier ... – 4. la nouvelle usine ... – 5. une nouvelle carrière. – 6. un bel emploi. – 7. La vieille ouvrière ... – 8. Le nouvel employé ... – 9. La nouvelle usine ... – 10. sa vieille profession. – 11. une nouvelle occupation. – 12. un vieil artisan. – 13. un nouvel employeur. – 14. ta vieille place? – 15. ce bel atelier. – 16. un vieil homme.

2. Setzen Sie die Sätze in den Plural:

1. Les vieux employés travaillent beaucoup. – 2. Les nouveaux appartements sont chers. – 3. Les vieux hommes ne trouvent pas d'emploi. – 4. Les nouveaux ateliers sont loin de la ville. – 5. Les nouveaux élèves arrivent. – 6. Les vieilles usines n'ont pas beaucoup de fenêtres. – 7. Ils regardent les beaux appartements. – 8. Les vieux ateliers sont au centre de la ville. – 9. Voilà les nouveaux employés. – 10. Ils invitent leurs

vieux amis. – 11. Les vieux artisans travaillent bien. – 12. Où sont les nouveaux ouvriers?

3. Formen Sie die Sätze um:

1. Cet atelier est vieux. – 2. Cet escalier est beau. – 3. Cet hôtel est nouveau. – 4. Cet homme est beau. – 5. Cet animal est beau. – 6. Cette église est vieille. – 7. Cet anorak est beau. – 8. Cet imperméable est vieux. – 9. Cet enfant est beau.

4. Übersetzen Sie:

1. Pierre travaille dans un très vieil atelier au centre de la ville. – 2. La vieille maison a une nouvelle façade. – 3. As-tu une nouvelle occupation? – 4. Il porte son vieil anorak. – 5. Les vieux travailleurs ne trouvent pas de place. – 6. Elle travaille dans la nouvelle usine. – 7. Le nouvel escalier est beau. – 8. Les nouveaux appartements sont trop chers. – 9. Il commence une nouvelle carrière. – 10. Où est ton nouvel ami? – 11. Il achète de vieux meubles. – 12. Ce vieil imperméable ne me plaît pas. – 13. Les chambres sont grandes dans ce nouvel hôtel. – 14. Vous avez un très bel appartement. – 15. Le vieil homme a une nouvelle occupation. – 16. Comment s'appelle le nouvel employé? – 17. Les nouveaux meubles sont beaux. – 18. Sa nouvelle profession lui plaît. – 19. Vois-tu cette vieille dame là-bas? – 20. Ces maisons ne sont pas belles. – 21. Comment s'appelle le nouvel élève? – 22. Ils ont un nouvel appartement dans une vieille maison. – 23. Ces vieilles maisons sont grandes. – 24. Me montres-tu ton nouvel appartement?

2. Die Stellung des Adjektivs – La place de l'adjectif

1. Setzen Sie das Adjektiv an die richtige Stelle im Satz:

1. le livre vert. – 2. ... un appartement moderne ... – 3. de son fauteuil confortable. – 4. ... une table carrée, un canapé rouge, et une haute armoire. – 5. la petite fille? – 6. Le jeune homme ... – 7. Les chaises confortables ... – 8. un bon restaurant. – 9. La table ronde ... – 10. ce tapis jaune? – 11. un beau placard. – 12. Cette haute armoire ... – 13. Ce canapé confortable. – 14. Les petits lits ... – 15. un bon dessert. – 16. un repas excellent. – 17. une histoire intéressante. – 18. un imperméable gris. – 19. une cravate anglaise.

2. Setzen Sie das Adjektiv an die richtige Stelle:

1. C'est un homme pauvre. C'est une pauvre femme.
2. C'est une robe chère. Mon cher ami ...
3. Son mari est un homme grand. – C'est un grand homme.

3. Übersetzen Sie:

1. Le vin français est excellent. – 2. Qui habite dans cette haute maison? – 3. Elle achète un manteau rouge. – 4. Ce beau tapis est très cher. – 5. Où sont les verres? Sur la petite étagère? – 6. Les touristes allemands visitent la cathédrale. – 7. Il a beaucoup d'argent, il n'est pas un garçon pauvre. – 8. Votre grand appartement n'est pas cher. – 9. Votre appartement cher n'est pas grand. – 10. Où est ma chemise blanche? – 11. Le petit placard me plaît. – 12. Avez-vous une belle maison? – 13. Ton imperméable est dans la haute armoire. – 14. Les hautes chaises ne sont pas confortables. – 15. La table ronde me plaît. – 16. Elle apporte du bon vin et des verres élégants. – 17. Elle n'a pas de parents, c'est une pauvre fille.

III.

1. Setzen Sie die Verbformen ein:

1. Où vas-tu? – Je vais ... – 2. Où vont Pierre et Charles? – 3. Nous allons ... – 4. Où va-t-il? – 5. Ça va? – 6. ... vous allez ...? – 7. ... vas-tu? – 8. Je vais chercher ...

1. Que fais-tu? – Je fais ... – 2. Qui fait la cuisine? – 3. ... cela fait-il? – 4. Vous faites ... – 5. Tu me fais mal. – 6. Nous faisons ...

1. On dit qu'il ... – 2. ... tu dis ...? – 3. Vous dites des ... – 4. Dites-moi, ... – 5. ... vous dites? – 6. Dis-moi, ... – 7. Les enfants ne le disent pas.

1. ... tu lis? – 2. Je lis ... – 3. ... vous lisez? – Nous lisons ... – 3. Ils lisent ... – Lit-elle ...?

2. Übersetzen Sie:

1. Comment allez-vous? – 2. Je vais très bien. – 3. Qui fait la cuisine aujourd'hui? – 4. Vous me faites mal. – 5. Dis-tu la vérité? – 6. Nous n'allons pas à pied, nous allons en voiture. – 7. Allez-vous en Italie? – 8. Combien cela fait-il? – 9. On dit qu'il est pauvre. – 10. Faites atten-

tion! – 11. Il n'y a rien à faire. – 12. Que faites-vous en ville? – 13. Quand fais-tu ton lit? – 14. Je ne dis pas de bêtises. – 15. Dites-moi, où est la cathédrale, s'il vous plaît? – 16. Les enfants font leurs chambres. – 17. Va-t-il à Marseille? – 18. Que lis-tu? – 19. Vous lisez trop peu. – 20. Fais attention! – 21. Lisez cette lettre. – 22. Va-t-elle à Paris? – 23. Il lit un journal anglais. – 24. Que lisez-vous? – 25. Allez-vous chercher le médecin? – 26. Je vais chercher un verre d'eau.

Wörterverzeichnis

1. Französisch–Deutsch

a

à, à la, au; aux	an, zu, bei 43
acheter	kaufen 49
l'addition f	die Rechnung 47
admirer	bewundern 75
l'adresse f	die Adresse 51
les affaires f	die Sachen 28
l'agent de police	der Polizist 74
aimer	mögen, gern haben 31
l'Allemagne f	Deutschland 57
allemand, e	deutsch 57
parler allemand	deutsch sprechen 28
aller	gehen 86
– à pied	zu Fuß gehen 87
– chercher	holen 87
– en France	nach Frankreich fahren 87
– en voiture	mit dem Auto fahren 87
Çà va?	Wie geht's? 87
Comment allez-vous?	Wie geht es Ihnen? 87
Je vais bien	Es geht mir gut 87
américain	amerikanisch 58
l'Amérique f	Amerika 58
l'ami m	der Freund 31
l'amie f	die Freundin 31
l'an m	das Jahr 66
anglais, e	englisch 58
l'Angleterre f	England 58
parler anglais	englisch sprechen 28
l'animal m, les animaux	das Tier 80
l'année f	das Jahr 66
appeler	rufen 50
apporter	bringen 49
Apporte ...	Bring ...! 16
Apportez ...	Bringen Sie ...! 16
l'après-midi m/f, les après-midi	der Nachmittag 66
l'armoire f	der Schrank 85
arrêter un taxi	ein Taxi anhalten 31
l'artisan m	der Handwerker 82
assez	genug 24
l'assiette f	der Teller 16
l'atelier m	die Werkstatt 82
attendre	warten, erwarten 40
avec	mit 48
avoir	haben 21
– mal à ...	Schmerzen haben an ... 55
Avez-vous ...?	Haben Sie ...? 12

b

le bal, les bals	der Ball 80
le balcon	der Balkon 62
le ballon	der Ball 28
le bateau, les bateaux	das Boot 80
le bâtiment	das Gebäude 74
beau, bel, belle; beaux, belles	schön 82
beaucoup de	viel 38
le beurre	die Butter 38
la bicyclette	das Fahrrad 51
bien	gut 28
la bière	das Bier 47
le bijou les bijoux	das Schmuckstück 80
blanc, blanche	weiß 20
bleu, e	blau 20
blond, e	blond 55
il boit	er trinkt 38
le bol	die Schale, die Tasse 16
bon, bonne	gut 20
de bonne heure	früh 70
la bouche	der Mund 54

la bouteille	die Flasche 16
le bras	der Arm 54

c

le café	der Kaffee 31
le café au lait	der Milchkaffee 38
le cahier	das Heft 11
le caillou, les cailloux	der Kieselstein 80
le calendrier	der Kalender 12
le canal, les canaux	der Kanal 80
le canapé	das Sofa 85
le carnaval, les carnavals	der Karneval 80
carré, e	viereckig 85
la carrière	die Laufbahn 82
la carte postale	die Postkarte 11
la casserole	der Kochtopf 16
la cathédrale	die Kathedrale 74
ce, cet, cette; ces	dieser, diese, dieses; diese 57
ce . . . là	jener . . . (da) 57
la chaise	der Stuhl 85
la chambre	das Schlafzimmer 51
chanceler	schwanken 50
le chapeau, les chapeaux	der Hut 79
le château, les châteaux	das Schloß 80
chaud	warm 70
la chaussette	die Socke 20
la chemise	das Hemd 20
cher, chère	teuer 20
chercher	suchen 28
aller chercher	holen 87
le cheval, les chevaux	das Pferd 79
le cheveu, les cheveux	das Haar 54
le chien	der Hund 56
choisir	wählen 47
nous choisissons	wir wählen 47
le chou, les choux	der Kohl 80
la cigarette	die Zigarette 28
la clé	der Schlüssel 62
le client	der Gast 47
commencer	beginnen 28
compléter	vervollständigen 50
la confiture	die Marmelade 38
confortable	bequem 85
consentir	einwilligen 46
content, e	zufrieden 44
le corps	der Körper 54
corriger	verbessern 28
le costume	der Anzug 20
le cou	der Hals 54
la couleur	die Farbe 20
De quelle couleur est . . .?	Welche Farbe hat . . .? 59
le couloir	der Flur 62
le courage	der Mut 41
court, e	kurz 24
le couteau, les couteaux	das Messer 16
le couvert	das Gedeck 16
la cravate	die Krawatte 20
le crayon	der Bleistift 11
le croissant	das Hörnchen 38
la cuiller	der Löffel 16
la cuisine	die Küche 62

d

la dame	die Dame 11
de, de la, du; des	von, der, des; der 43
demander à qn	jdn. fragen 75
la dent	der Zahn 55
se dépêcher	sich beeilen 70
descendre	hinuntergehen aussteigen 40
le dessert	der Nachtisch 28
le détail, les détails	die Einzelheit 81
devant	vor 40
la diapositive	das Dia 74
dire	sagen 86
– des bêtises	Unsinn reden 87
– la vérité	die Wahrheit sagen 87
à vrai dire	in Wahrheit 87

Dis-moi ...	Sag mir ...! 87
Dites-moi ...	Sagen Sie mir ...! 87
On dit que ...	Man sagt, daß ... 87
le docteur	der Arzt 55
dormir	schlafen 46
la durée	die Dauer 66
durer	dauern 81

e

l'eau, les eaux f	das Wasser 70
l'eau chaude	das warme Wasser 70
l'eau froide	das kalte Wasser 70
l'écharpe f	der Schal 20
écouter	hören 31
l'église f	die Kirche 74
l'élève m/f	der Schüler, die Schülerin 13
emmener	mitnehmen 49
l'emploi m	die Stellung 82
l'employé m	der Angestellte 82
l'employeur m	der Arbeitgeber 82
encore	noch 41
l'enfant m/f	das Kind 13
enfiler	anziehen 35
entendre	hören 40
entrer	eintreten 62
l'enveloppe f	der Briefumschlag 12
envoyer	schicken 50
épeler	buchstabieren 50
l'escalier m	die Treppe 62
l'Espagne f	Spanien 57
espagnol, e	spanisch 57
essayer	versuchen 50
essuyer	(aus)wischen 50
s'essuyer	sich abtrocknen 17 und 70
l'étage m	das Stockwerk 62
l'étagère f	das Regal 85
les Etats-Unis m	die Vereinigten Staaten 58
être	sein 21
– content de	zufrieden sein mit 44
– loin de	weit entfernt sein von 44
– près de	nahe bei ... sein 44
C'est ...	Dies ist ... 12
Ce sont ...	Dies sind ... 16
Est-ce ...?	Ist dies ...? 12
Qu'est-ce que c'est?	Was ist das? 12
A qui est ...?	Wem gehört ...? 62
C'est tout.	Das ist alles. 67
De quelle couleur est ...?	Welche Farbe hat ...? 59
étroit, e	eng 24
l'étudiant m	der Student 13
l'étudiante f	die Studentin 13
étudier	studieren 31
s'éveiller	aufwachen 70
excellent, e	ausgezeichnet 84
expliquer à qn	jdm erklären 75

f

la façade	die Fassade 83
faire	machen 86
– attention	aufpassen 87
– la cuisine	kochen 87
– mal à qn	jdm weh tun 87
Combien cela fait-il?	Wieviel kostet das? 87
Que fait ...?	Was macht ...? 14
Rien à faire	Nichts zu machen 87
la faute	der Fehler 28
le fauteuil	der Sessel 85
la femme	die Frau 13
la fenêtre	das Fenster 28
fermer	schließen 28
fermé, e	geschlossen 45
le festival, les festivals	das Festival 80
feuilleter	blättern 50
le feu, les feux	das Feuer 80
la fille	die Tochter das Mädchen 13
le fils	der Sohn 13
finir	beenden, aufhören 46
foncer	schnell fahren 28

le fou, les fous	der Narr 80
la fourchette	die Gabel 16
français, e	französisch 57
la France	Frankreich 57
parler français	französisch sprechen 28
frapper	klopfen 62
froid, e	kalt 70
le fromage	der Käse 47
le fruit	das Obst 47
fumer	rauchen 28

g

le gant	der Handschuh 20
le garçon	der Junge 13
garder	behalten, aufbewahren 35
le gâteau, les gâteaux	der Kuchen 80
le genou, les genoux	das Knie 79
les gens m	die Leute 58
la glace	der Spiegel 70
la gomme	der Radiergummi 11
grand, e	groß 24
la grand-mère, les grands-mères	die Großmutter 13
le grand-père, les grands-pères	der Großvater 13
le gratte-ciel, les gratte-ciel	der Wolkenkratzer 81
gris, e	grau 20
grossir	zunehmen 47
le guide	der Fremdenführer der Reiseführer 74

h

s'habiller	sich anziehen 70
habiter	(be)wohnen 62
haut, e	hoch 84
l'heure f	die Stunde 66
de bonne heure	früh 70
le hibou, les hiboux	die Eule 80
hollandais, e	holländisch 85
la Hollande	Holland 58
l'homme m	der Mann 13
l'hôtel m	das Hotel 28

i

l'idéal m les idéaux	das Ideal 80
l'imperméable m	der Regenmantel 20
interrompre	unterbrechen 40
il interrompt	er unterbricht 40
inviter	einladen 31
l'Italie f	Italien 58
italien, italienne	italienisch 58

j

la jambe	das Bein 55
jaune	gelb 20
jeter	werfen 50
le jeu, les jeux	das Spiel 79
jeune	jung 84
le joujou, les joujoux	das Spielzeug 80
le jour	der Tag 66
le journal, les journaux	die Zeitung 12
la journée	der Tag 66
la jupe	der Rock 20

k

le kilo	das Kilo 51

l

laisser à qn	jdm überlassen 75
le lait	die Milch 38
lancer	werfen 38
large	breit, weit 24
se laver	sich waschen 69
léger, légère	leicht 24
leur, leurs	ihre 53
lever	aufheben 49
se lever	aufstehen 70
la limonade	die Limonade 31

lire	lesen 86
Lis-tu?	Liest du? 59
Lisez-vous?	Lesen Sie? 59
le lit	das Bett 85
la livre	das Pfund 51
le livre	das Buch 11
loin	weit 44
long, longue	lang 24
longtemps	lange 47
lourd, e	schwer 24

m

ma, mon; mes	mein, meine; meine 54
madame … mesdames	Frau … 79
mademoiselle, mesdemoiselles	Fräulein … 79
la main	die Hand 55
maintenant	jetzt 29
mais	aber 39
la maison	das Haus 28
mal	schlecht 28
malade	krank 65
manger	essen 28
le manteau, les manteaux	der Mantel 20
le marché	der Markt 58
le matin	der Morgen 66
la matinée	der Vormittag 66
mener	führen 48
la mère	die Mutter 13
le métal, les métaux	das Metall 80
le miel	der Honig 38
la minute	die Minute 66
moderne	modern 85
le mois	der Monat 66
le moment	der Augenblick 47
le monsieur, les messieurs	der Herr 11
monter	hinaufsteigen, einsteigen 35
montrer	zeigen 28
Montre-moi …	Zeig mir …! 55
le mot	das Wort 31
la moto	das Motorrad 51
le musée	das Museum 74

n

la nappe	die Tischdecke 16
le Néerland	die Niederlande 58
néerlandais, e	niederländisch 58
ne … pas	nicht 30
nettoyer	reinigen 50
le neveu, les neveux	der Neffe 80
le nez	die Nase 54
noir, e	schwarz 20
le nom de pays	der Ländername 57
notre; nos	unser, unsere; unsere 53
nouveau, nouvel, nouvelle; nouveaux, nouvelles	neu 82
la nuit	die Nacht 66

o

l'occupation f	die Beschäftigung 82
l'œil, m les yeux	das Auge 55
l'œuf m	das Ei 38
l'oncle m	der Onkel 13
l'orange f	die Orange 51
l'oreille f	das Ohr 54
ou	oder 22
où	wo 14
oublier	vergessen 31
l'ouvrier m	der Arbeiter 82
l'ouvrière f	die Arbeiterin 82

p

le pain	das Brot 38
le petit pain	das Brötchen 38
le pantalon	die Hose 20
la papeterie	das Schreibwarengeschäft 12
le paquet	das Paket 51
parce que	weil 47
parler	sprechen 28
Parle …	Sprich …! 34
Parlez …	Sprechen Sie …! 34

Parlons . . .	Sprechen wir . . .! 34
parler à qn	mit jdm sprechen 75
parler de	sprechen von 44
la partie	der Teil 54
partir	abreisen 56
pauvre	arm, beklagenswert 84
payer	(be)zahlen 50
se peigner	sich kämmen 70
peler	schälen 49
perdre	verlieren 40
le père	der Vater 13
peser	wiegen 49
petit, e	klein 24
peu de	wenig 38
la photo	das Photo 28
la pièce	das Zimmer 51
le pied	der Fuß 54
à pied	zu Fuß 87
le placard	der Wandschrank 85
la place	der Platz 74 die Stellung 82
le plan de la ville	der Stadtplan 74
le plateau, les plateaux	das Tablett 16
le pneu, les pneus	der Reifen 80
pointu, e	spitz 55
la poire	die Birne 51
la pomme	der Apfel 51
la pomme de terre	die Kartoffel 47
la porte	die Tür 28
le porte-monnaie, les porte-monnaie	die Geldbörse 81
porter	tragen 21
poser une question	eine Frage stellen 28
posséder	besitzen 50
le pot	der Topf 16
pour	als 47, nach 49, zu 73
pourquoi?	warum? 64
il prend	er nimmt 38
Prenez-vous . . .?	Nehmen Sie . . .? 59
près de	nahe bei 44
la profession	der Beruf 82
projeter	werfen 50
prononcer	aussprechen 28
propre	sauber 24
puis	dann 48
le pullover	der Pullover 20

---

q

quand?	wann? 64
qui?	wer?, wen? 61
qui est-ce qui?	
à qui?	wem? 61
de qui?	von wem? 61
qu'est-ce que?	was? 61
quel, quelle; quels, quelles?	welcher, welche, welche; welche? 59
la question	die Frage 28
quitter	verlassen 28
à quoi?	woran? 62
de quoi?	wovon? 62

---

r

la radio	das Radio 31
le rafraîchissement	die Erfrischung 47
ranger	aufräumen 28
se raser	sich rasieren 70
réfléchir	überlegen 47
nous réfléchissons	wir überlegen 47
regarder	betrachten 28
se regarder	sich betrachten 70
remplir	(wieder) füllen 47
nous remplissons	wir füllen 47
rendre	zurückgeben 40
renouveler	erneuern 50
rentrer	nach Hause kommen, heimgehen 35
répéter	wiederholen 50
répondre	antworten 39
répondre à qn	jdm antworten 75
rester	bleiben 35
rêver de	träumen von 44
la revue	die Illustrierte 11

le rez-de-chaussée	das Erdgeschoß 62
la robe	das Kleid 20
rond, e	rund 55
rouge	rot 20
la route	die Straße 51
la rue	die Straße 74
russe	russisch 58
la Russie	Rußland 58

s

sa, son; ses	sein, seine; ihr, ihre; seine, ihre 54
le sac (à main)	die Handtasche 74
la salade	der Salat 28
sale	schmutzig 24
la salle de bains	das Badezimmer 62
la salle de séjour	das Wohnzimmer 62
le sandwich	das belegte Brot 38
sans	ohne 48
la seconde	die Sekunde 66
la semaine	die Woche 66
sentir	fühlen 46
la serveuse	die Bedienung 47
la serviette	die Aktentasche 11
	die Serviette 16
– de toilette	das Badetuch 70
servir	dienen, auftragen 46
A quoi sert?	Wozu dient? 62
si	so 65
s'il vous plaît	bitte 12
le soir	der Abend 66
la soirée	der Abend 66
sonner	klingeln, läuten 62
sortir	ausgehen, heraustreten 46
la soucoupe	die Untertasse 16
la soupe	die Suppe 28
le souvenir	das Andenken 74
le stylo	der Füllfederhalter 11
le sucre	der Zucker 38

t

la table	der Tisch 16
ta, ton; tes	dein, deine; deine 54
le tableau, les tableaux	das Bild 28
la tante	die Tante 13
le tapis	der Teppich 85
tard	spät 70
la tartine	die Brotscheibe 38
la tasse	die Tasse 16
le taxi	das Taxi 31
le télégramme	das Telegramm 51
le téléphone	das Telefon 67
le temps	die Zeit 66
la tête	der Kopf 54
le thé	der Tee 31
le thé au citron	Tee mit Zitrone 38
le timbre-poste, les timbres-poste	die Briefmarke 79
le tire-bouchon, les tire-bouchons	der Korkenzieher 81
la tour	der Turm 74
la tour Eiffel	der Eiffelturm 36
le touriste	der Tourist 17
tous les costumes	alle Anzüge 65
tout le costume	der ganze Anzug 65
toute la ville	die ganze Stadt 65
toutes les villes	alle Städte 65
toutes les 3 heures	alle 3 Stunden 66
tous les 2 mois	alle 2 Monate 66
tous les 5 ans	alle 5 Jahre 66
tranquille	ruhig 56
le travail, les travaux	die Arbeit 28
travailler	arbeiten 62
très	sehr 24
trop de	zu viel 38
trop peu de	zu wenig 38
le trou, les trous	das Loch 80
trouver	finden 75
tutoyer	duzen 50
le tuyau, les tuyaux	das Rohr 79

u

l'usine f	die Fabrik 82

v

les vacances f	die Ferien der Urlaub 56
le vendeur	der Verkäufer 52
vendre	verkaufen 40
Venise f	Venedig 58
le verre	das Glas 16
vert, e	grün 20
la veste	die Strickjacke 20
le vêtement	die Kleidung, das Kleidungsstück 20
la viande	das Fleisch 47
vide	leer 81
vieux, vieil, vieille; vieux, vieilles	alt 82
la ville	die Stadt 28
le vin	der Wein 47
le visage	das Gesicht 54
visiter	besichtigen 74
le vitrail les vitraux	das Kirchenfenster 81
Voilà . . .	Hier ist . . . 12
Vois-tu?	Siehst du? 59
Voyez-vous?	Sehen Sie? 59
la voiture	der Wagen, das Auto 51
votre; vos	Ihr, Ihre 53 euer, eure

w

le wagon-lit, les wagons-lits	der Schlafwagen 79

2. Deutsch–Französisch

a

der Abend	le soir 66 la soirée 66
aber	mais 39
abreisen	partir 56
sich abtrocknen	s'essuyer 70
die Adresse	l'adresse f 51
die Aktentasche	la serviette 11
alle Anzüge	tous les costumes 65
alle 3 Stunden	toutes les 3 heures 66
alle 5 Jahre	tous les 5 ans 66
alle Städte	toutes les villes 65
alle 2 Monate	tous les 2 mois 66
als	pour 47
alt	vieux, vieil, vieille; vieux, vieilles 82
Amerika	l'Amérique f 58
amerikanisch	américain, e 58
an	à 43
das Andenken	le souvenir 74
der Angestellte	l'employé m 82
antworten	répondre 39
jdm antworten	répondre à qn 75
anziehen	enfiler 35
sich anziehen	s'habiller 70
der Anzug	le costume 20
der Apfel	la pomme 51
die Arbeit	le travail, les travaux 28
arbeiten	travailler 62
der Arbeiter	l'ouvrier m 82
die Arbeiterin	l'ouvrière f 82
der Arbeitgeber	l'employeur m 82
der Arm	le bras 54
arm	pauvre 84
der Arzt	le docteur 55
aufbewahren	garder 35
aufheben	lever 49
aufhören	finir 46
aufpassen	faire attention 87
aufräumen	ranger 28
aufstehen	se lever 70
auftragen	servir 46
aufwachen	s'éveiller 70

das Auge	l'œil, les yeux m 55
der Augenblick	le moment 47
ausgehen	sortir 46
ausgezeichnet	excellent, e 84
aussprechen	prononcer 28
(aus)wischen	essuyer 50
das Auto	l'auto f, la voiture 51

b

das Badetuch	la serviette 70
das Badezimmer	la salle de bains 62
der Balkon	le balcon 62
der Ball	le bal, les bals 80
der Ball	le ballon 28
die Bedienung	la serveuse 47
sich beeilen	se dépêcher 70
beenden	finir 46
beginnen	commencer 28
behalten	garder 35
bei	à 43
das Bein	la jambe 55
beklagenswert	pauvre 84
bequem	confortable 85
der Beruf	la profession 82
die Beschäftigung	l'occupation f 82
besichtigen	visiter 74
besitzen	posséder 50
betrachten	regarder 28
sich betrachten	se regarder 70
das Bett	le lit 85
(be)wohnen	habiter 62
bewundern	admirer 75
(be)zahlen	payer 50
das Bier	la bière 47
das Bild	le tableau, les tableaux 28
die Birne	la poire 51
bitte	s'il vous plaît 12
blättern	feuilleter 50
blau	bleu, e 20
bleiben	rester 35
der Bleistift	le crayon 11
blond	blond, e 55
das Boot	le bateau, les bateaux 80
breit	large 24
die Briefmarke	le timbre 79
der Briefumschlag	l'enveloppe f 12
bringen	apporter 49
Bring!	Apporte . . .16
Bringen Sie!	Apportez . . . 16
das Brot	le pain 38
das belegte Brot	le sandwich 38
das Brötchen	le petit pain 38
die Brotscheibe	la tartine 38
das Buch	le livre 11
buchstabieren	épeler 50
die Butter	le beurre 38

d

die Dame	la dame 11
dann	puis 48
die Dauer	la durée 66
dauern	durer 81
dein, deine; deine	ton, ta; tes 54
der, des; der	de, de la, du; des 43
deutsch	allemand, e 57
deutsch sprechen	parler allemand 28
Deutschland	l'Allemagne f 57
das Dia	la diapositive 74
dienen	servir 46
dieser, dieses, diese; diese	ce, cet, cette; ces 57
duzen	tutoyer 50

e

das Ei	l'œuf m 38
der Eiffelturm	la tour Eiffel 36
einladen	inviter 31
einsteigen	monter 35
eintreten	entrer 62
einwilligen	consentir 46
die Einzelheit	le détail, les détails 81
eng	étroit, e 24
England	l'Angleterre f 58
englisch	anglais, e 58
englisch sprechen	parler anglais 28
das Erdgeschoß	le rez-de-chaussée 62

die Erfrischung	le rafraîchissement 47
jdm erklären	expliquer à qn 75
erneuern	renouveler 50
(er)warten	attendre 40
essen	manger 28
die Eule	le hibou, les hiboux 80

f

die Fabrik	l'usine f 82
mit dem Auto fahren	aller en voiture 87
nach Frankreich fahren	aller en France 87
schnell fahren	foncer 28
das Fahrrad	la bicyclette 51
die Farbe	la couleur 20
Welche Farbe hat...?	De quelle couleur est...? 59
die Fassade	la façade 83
der Fehler	la faute 28
das Fenster	la fenêtre 28
die Ferien	les vacances f 56
das Festival	le festival, les festivals 80
das Feuer	le feu, les feux 80
finden	trouver 75
die Flasche	la bouteille 16
das Fleisch	la viande 47
der Flur	le couloir 62
die Frage	la question 28
eine Frage stellen	poser une question 28
jdn fragen	demander à qn 75
Frankreich	la France 57
französisch	français, e 57
französisch sprechen	parler français 28
Frau...	madame, mesdames 79
die Frau	la femme 13
Fräulein...	mademoiselle... 79
der Fremdenführer	le guide 74
der Freund	l'ami m 31
die Freundin	l'amie f 31
früh	de bonne heure 70
fühlen	sentir 46
führen	mener 48
(wieder) füllen	remplir 48
wir füllen	nous remplissons 47
der Füllfederhalter	le stylo 11
der Fuß	le pied 54
zu Fuß	à pied 87

g

die Gabel	la fourchette 16
der ganze Anzug	tout le costume 65
die ganze Stadt	toute la ville 65
der Gast	le client 47
das Gebäude	le bâtiment 74
das Gedeck	le couvert 16
gehen	aller 86
Wie geht's?	Ça va? 87
Wie geht es Ihnen?	Comment allez-vous? 87
Es geht mir gut.	Je vais bien. 87
zu Fuß gehen	aller à pied 87
Wem gehört...?	À qui est...?
gelb	jaune 20
die Geldbörse	le porte-monnaie, les porte-monnaie 81
genug	assez 24
gern haben	aimer 31
das Gesicht	le visage 54
das Glas	le verre 16
grau	gris, e 20
groß	grand, e 24
die Großmutter	la grand-mère, les grands-mères 13
der Großvater	le grand-père, les grands-pères 13
grün	vert, e 20
gut	bien 28
	bon, bonne 20

h

das Haar	le cheveu, les cheveux 54

haben	avoir 21
Haben Sie . . .?	Avez-vous . . .? 12
Schmerzen haben	avoir mal à 55
der Hals	le cou, les cous 54
die Hand	la main 55
der Handschuh	le gant 20
die Handtasche	le sac (à main) 74
der Handwerker	l'artisan m 82
das Haus	la maison 28
das Heft	le cahier 11
heimgehen	rentrer 35
das Hemd	la chemise 20
heraustreten	sortir 46
der Herr	le monsieur, les messieurs 11
Hier ist . . .	Voilà . . . 12
hinaufsteigen	monter 35
hinuntergehen	descendre 70
hoch	haut, e 84
hören	écouter 35 entendre 40
das Hörnchen	le croissant 38
holen	aller chercher 87
Holland	la Hollande 58
holländisch	hollandais, e 58
der Honig	le miel 38
die Hose	le pantalon 20
das Hotel	l'hôtel m 28
der Hund	le chien 56
der Hut	le chapeau, les chapeaux 79

i

das Ideal	l'idéal m, les idéaux 85
ihr, ihre; ihre	son, sa; ses leur, leurs 54
Ihr, Ihre; Ihre	votre; vos 53
die Illustrierte	la revue 11
Italien	l'Italie f 58
italienisch	italien, italienne 58

j

das Jahr	l'an m 66 l'année f 66
jener, -e, -es . . . (da)	ce . . . là 57
jetzt	maintenant 29
jung	jeune 84
der Junge	le garçon 13

k

sich kämmen	se peigner 70
der Käse	le fromage 47
der Kaffee	le café 31
kalt	froid, e 70
der Karneval	le carnaval, les carnavals 80
die Kartoffel	la pomme de terre 47
die Kathedrale	la cathédrale 74
kaufen	acheter 49
der Kieselstein	le caillou, les cailloux 80
das Kilo	le kilo 51
das Kind	l'enfant m/f 13
die Kirche	l'église f 74
das Kirchenfenster	le vitrail, les vitraux 81
das Kleid	la robe 20
die Kleidung	le vêtement 20
das Kleidungsstück	le vêtement 20
klein	petit, e 24
klingeln	sonner 62
klopfen	frapper 62
das Knie	le genou, les genoux 79
kochen	faire la cuisine 87
der Kochtopf	la casserole 16
der Körper	le corps 54
der Kohl	le chou, les choux 80
der Kopf	la tête 54
der Korkenzieher	le tire-bouchon, les tire-bouchons 81
krank	malade 65
die Krawatte	la cravate 20
der Kuchen	le gâteau, les gâteaux 80
die Küche	la cuisine 62
kurz	court, e 24

l

der Ländername	le nom de pays 57
lang	long, longue 24
lange	longtemps 47
läuten	sonner 62
leer	vide 81
leicht	léger, légère 24
lesen	lire 86
Liest du?	Lis-tu? 59
Lesen Sie?	Lisez-vous? 59
die Leute	les gens m 58
die Limonade	la limonade 31
das Loch	le trou, les trous 80
der Löffel	la cuiller 16

m

machen	faire 86
Nichts zu machen	Rien à faire 87
Was macht . . .?	Que fait . . .? 14
das Mädchen	la fille 13
der Mann	l'homme m 13
der Mantel	le manteau, les manteaux 20
der Markt	le marché 58
die Marmelade	la confiture 38
mein, meine; meine	mon, ma; mes 54
das Messer	le couteau, les couteaux 16
das Metall	le métal, les métaux 80
die Milch	le lait 38
der Milchkaffee	le café au lait 38
die Minute	la minute 66
mit	avec 48
mitnehmen	emmener 49
modern	moderne 85
der Morgen	le matin 66
das Motorrad	la moto 51
der Mund	la bouche 54
das Museum	le musée 54
der Mut	le courage 41
die Mutter	la mère 13

n

nach Hause kommen	rentrer 35
der Nachmittag	l'après-midi m/f 66
die Nacht	la nuit 66
der Nachtisch	le dessert 28
nahe bei	près de 44
der Narr	le fou, les fous 80
die Nase	le nez 54
der Neffe	le neveu, les neveux 80
neu	nouveau, nouvel, nouvelle; nouveaux, nouvelles 82
nicht	ne . . . pas 30
die Niederlande	le Néerland 58
niederländisch	néerlandais, e 58
er nimmt	il prend 38
Nehmen Sie?	Prenez-vous? 59
noch	encore 41

o

das Obst	le fruit 47
oder	ou 22
ohne	sans 48
das Ohr	l'oreille f 54
der Onkel	l'oncle m 13
die Orange	l'orange f 51

p

das Paket	le paquet 51
das Pferd	le cheval, les chevaux 79
das Pfund	la livre 51
das Photo	la photo 28
der Platz	la place 74
der Polizist	l'agent de police 74
die Postkarte	la carte postale 11
der Pullover	le pullover 20

r

der Radiergummi	la gomme 11
das Radio	la radio 31
sich rasieren 70	se raser 70
rauchen	fumer 28
die Rechnung	l'addition f 47
das Regal	l'étagère f 85

der Regenmantel	l'imperméable m 20
der Reifen	le pneu, les pneus 80
reinigen	nettoyer 50
der Reiseführer	le guide 74
der Rock	la jupe 20
das Rohr	le tuyau, les tuyaux 79
rot	rouge 20
rufen	appeler 50
ruhig	tranquille 56
rund	rond, e 55
russisch	russe 58
Rußland	la Russie 58

S

die Sachen	les affaires 28
sagen	dire 86
Sag mir!	Dis-moi 87
Sagen Sie mir!	Dites-moi 87
Man sagt, daß ...	On dit que ... 87
die Wahrheit sagen	dire la vérité 87
der Salat	la salade 28
sauber	propre 24
schälen	peler 49
der Schal	l'écharpe 20
die Schale	la tasse, le bol 16
schicken	envoyer 50
schlafen	dormir 46
der Schlafwagen	le wagon-lit, les wagons-lits 79
schlecht	mal 28
schließen	fermer 28
geschlossen	fermé, e 45
das Schloß	le château, les châteaux 80
das Schmuckstück	le bijou, les bijoux 80
schmutzig	sale 24
schön	beau, bel, belle; beaux, belles 82
der Schrank	l'armoire f 85
das Schreibwarengeschäft	la papeterie 12
der Schüler	l'élève m/f 13
die Schülerin	
schwanken	chanceler 50
schwarz	noir, e 20
schwer	lourd, e 24
sehr	très 24
sein, seine; seine	son, sa; ses 53
sein (Verb)	être 21
Dies ist ...	C'est ... 12
Dies sind ...	Ce sont ... 16
Ist dies ...?	Est-ce ...? 12
Was ist das?	Qu'est-ce que c'est? 12
Das ist alles	C'est tout 67
nahe bei sein	être près de 44
weit entfernt sein von	être loin de 44
zufrieden sein mit	être content de
die Sekunde	la seconde 66
die Serviette	la serviette 16
der Sessel	le fauteuil 85
Siehst du?	Vois-tu? 59
Sehen Sie?	Voyez-vous? 59
so	si 65
die Socke	la chaussette 20
das Sofa	le canapé 13
der Sohn	le fils 13
spät	tard 70
Spanien	l'Espagne f 57
spanisch	espagnol, e 57
der Spiegel	la glace 70
das Spiel	le jeu, les jeux 79
das Spielzeug	le joujou, les joujoux 80
spitz	pointu, e 35
sprechen	parler 28
sprechen von	parler de 44
mit jdm sprechen	parler à qn 75
Sprich!	Parle 34
Sprechen Sie!	Parlez 34
die Stadt	la ville 28
der Stadtplan	le plan de la ville 74
die Stellung	l'emploi 82
	la place 82
das Stockwerk	l'étage m 62
die Straße	la route 51
	la rue 74
die Strickjacke	la veste 20
der Student	l'étudiant m 13
die Studentin	l'étudiante f 13

studieren	étudier 31
der Stuhl	la chaise 85
die Stunde	l'heure f 66
suchen	chercher 28
die Suppe	la soupe 28

t

das Tablett	le plateau, les plateaux 16
der Tag	le jour 66
	la journée 66
die Tante	la tante 13
der Tanz	le bal, les bals 80
die Tasse	la tasse 16
	le bol 16
das Taxi	le taxi 31
ein Taxi anhalten	arrêter un taxi 31
der Tee	le thé 31
Tee mit Zitrone	le thé au citron 38
der Teil	la partie 54
das Telefon	le téléphone 67
das Telegramm	le télégramme 51
der Teller	l'assiette f 26
der Teppich	le tapis 85
teuer	cher, chère 20
das Tier	l'animal m, les animaux 80
der Tisch	la table 16
die Tischdecke	la nappe 16
die Tochter	la fille 13
der Topf	le pot 16
der Tourist	le touriste 17
tragen	porter 21
träumen von	rêver de 44
die Treppe	l'escalier m 62
er trinkt	il boit 38
die Tür	la porte 28
der Turm	la tour 74

u

jdm überlassen	laisser à qn 75
überlegen	réfléchir 47
wir überlegen	nous réfléchissons 47
und	et 17
unser, unsere; unsere	notre; nos 53
Unsinn reden	dire des bêtises 87
unterbrechen	interrompre 40
er unterbricht	il interrompt 40
die Untertasse	la soucoupe 16
der Urlaub, die Ferien	les vacances f 56

v

der Vater	le père 13
Venedig	Venise f 58
verbessern	corriger 28
die Vereinigten Staaten	les Etats-Unis m 58
vergessen	oublier 31
verkaufen	vendre 40
der Verkäufer	le vendeur 28
verlassen	quitter 28
verlieren	perdre 40
versuchen	essayer 50
vervollständigen	compléter 50
viel	beaucoup de 38
viereckig	carré, e 85
von	de 43
von wem?	de qui? 61
vor	devant 40
der Vormittag	la matinée 66

w

wählen	choisir 47
wir wählen	nous choisissons 47
der Wagen	l'auto f 51
in Wahrheit	à vrai dire 87
der Wandschrank	le placard 85
wann?	quand? 64
warm	chaud, e 70
warum?	pourquoi? 64
Was?	Qu'est-ce que? 61
das Wasser	l'eau, les eaux f 70
das kalte Wasser	l'eau froide 70
das warme Wasser	l'eau chaude 70
sich waschen	se laver 69
jdm weh tun	faire mal à qn 87
weil	parce que 47

der Wein	le vin 47
weiß	blanc, blanche 20
weit	large 24
	loin 44
welcher, welche, welches; welche?	quel, quelle; quels, quelles? 50
wenig	peu de 38
wem?	à qui? 61
wer, wen?	qui, qui est-ce qui? 61
werfen	jeter 50
	lancer 38
	projeter 50
die Werkstatt	l'atelier m 82
wiederholen	répéter 50
wiegen	peser 49
Wieviel kostet es?	Combien cela fait-il? 87
Wo?	Où? 14
die Woche	la semaine 66
das Wohnzimmer	la salle de séjour 62
der Wolkenkratzer	le gratte-ciel, les gratte-ciel 81
woran?	à quoi? 62
das Wort	le mot 31
wovon?	de quoi? 62
Wozu dient . . .?	À quoi sert . . .? 62

Z

der Zahn	la dent 55
zeigen	montrer 28
Zeig mir!	Montre-moi 55
die Zeit	le temps 66
die Zeitung	le journal 12
die Zigarette	la cigarette 28
das Zimmer	la pièce 51
der Zucker	le sucre 38
zufrieden	content, e 44
zunehmen	grossir 47
zurückgeben	rendre 40
zu viel	trop de 38
zu wenig	trop peu de 38